हिन्दी रचना कौमुदी

अलमेलु कृष्णन

वाणी प्रकाशन

डॉ. एच. परमेश्वरन
राष्ट्रभाषा संस्थान
पुत्तन स्ट्रीट, तिरुवनन्तपुरम्
के सहयोग से

वाणी प्रकाशन
4695, 21-ए, दरियागंज, नयी दिल्ली 110 002
फ़ोन : +91 11 23273167 फ़ैक्स : +91 11 23275710

शाखाएँ
अशोक राजपथ, पटना 800 004, बिहार
कॉफ़ी हाउस कैम्पस, महात्मा गांधी मार्ग, इलाहाबाद 211 001, उत्तर प्रदेश
महात्मा गांधी अन्तरराष्ट्रीय हिन्दी विश्वविद्यालय, वर्धा 442 001, महाराष्ट्र

www.vaniprakashan.com
marketing@vaniprakashan.in
sales@vaniprakashan.in

Hindi Rachana Kaumudi
by Almelu Krishnan

ISBN : 978-93-89563-32-0

प्रथम संस्करण 2022

मूल्य : ₹ 65

आर.के. ऑफ़सेट, शाहदरा, दिल्ली-110 032 में मुद्रित

वाणी प्रकाशन का लोगो मक़बूल फ़िदा हुसेन की कूची से

प्रकाशकीय

वर्तमान युग में भाषा शिक्षण में बहुत सारे नए नए प्रयोग अपनाये जा रहे हैं । छात्र अपनी सीमित क्षमता के आधार पर हिन्दी में ही सोचे, अपने विचारों को स्वयं अपनी भाषा में अभिव्यक्त करे, ऐसी आशा की जाती हैं । लेकिन ऐसी परियोजनाओं के लिए सामान्य रूप से कोई सहायक पुस्तिका प्राप्त नहीं होती ।

अपने लंबे अध्यापन अनुभव के आधार पर श्रीमती अलमेलु कृष्णन ने छात्रों के वास्ते कुछ नमूने तैयार किये हैं । कुछ लघु निबंध हैं, बातचीत के नमूने हैं, पत्रों की रूपरेखाएँ हैं, सर्वदा स्मरणीय व्याकरणिक बिन्दुएँ हैं, कथा विस्तार के नमूने तथा कुछ प्रायोगिक अभ्यास भी हैं ।

आशा है कि हिन्दीतर प्रदेश के छात्र इस सहायिका को अपनाएंगे ।

सचिव

राष्ट्रभाषा संस्थान

फर्स्ट पुत्तन स्ट्रीट

तिरुवनन्तपुरम - 9

30-06-2008

आगे के पन्नों में

हिन्दी रचना

भाग -1 निबंध

1. मेरा शहर

मेरे शहर का नाम चेन्नै है। भारत के चार बड़े शहरों में यह भी एक है। यह तमिलनाडु की राजधानी है। यहाँ की भाषा तमिल है। लेकिन यहाँ हिन्दी, गुजराती, तेलुगु, मलयालम, कन्नड आदि कई भाषाएँ बोलनेवाले लोग रहते हैं।

यहाँ देखने लायक कई जगहें हैं। लाइट हाउस, थियसोफिकल सोसाइटी, साँप घर, बच्चों का बाग, मेरीना बीच, अजायब घर, बंदरगाह, कोर्ट, विश्व विद्यालय, वल्लुवर कोट्टम आदि बहुत मुख्य हैं । मद्रास के पास महाबलिपुरम, गोलडन बीच, वी. जी. पी. वण्डरलैंड और एम.जी.एम, क्वीन्स लेण्ड, किष्किन्धा आदि थीम पार्क भी देखने लायक हैं । इसके अलावा मन्दिर, मसजिद, गिरिजाघर, गुरुद्वारा आदि प्रार्थना स्थल भी हैं ।

चेन्नै एक तरह से कारखानों की नगरी है । थेरमल स्टेशन, रेल डिब्बा कारखाना, हिन्दुस्तान टेलिप्रिंटर्स, अटामिक पवर प्राजेक्ट, टैंक फाक्टरी आदि मुख्य हैं। टाइडल पार्क नाम से कंप्यूटर कंपनी भी है ।

यातायात में बस की सुविधा प्रशंसनीय है। तेज़ चलनेवाली बिजली की गाडी का प्रबन्ध भी यहाँ है। आकाशवाणी और दूरदर्शन केन्द्र भी मेरे शहर में हैं। शिक्षा के क्षेत्र में भी मद्रास शहर आगे हैं।

इस तरह मद्रास एक सुन्दर सुविकसित शहर है।

2. मेरा स्कूल

मेरे स्कूल का नाम माउण्ट मेट्रिकुलेशन स्कूल है। यहाँ दसवीं कक्षा तक है। यहाँ आठ सौ विद्यार्थी पढते हैं और तीस अध्यापक पढाते हैं। यहाँ विद्यार्थी और विद्यार्थिनियाँ पढते हैं। हमारे अध्यापक हमें अच्छी तरह पढाते हैं। हम भी ध्यान से पढते हैं।

मेरे स्कूल में एक पुस्तकालय और एक प्रयोगशाला है। स्कूल के सामने एक मैदान है। हम सबेरे और शाम को यहाँ खेलते हैं। हमारे स्कूल में एन. सी. सी. ट्रेनिंग भी दिया जाता है। सिलाई, बुनाई बढ़ईगिरी आदि कारीगरी भी सिखाते हैं। अभी कुछ सालों से छात्रों को कंप्यूटर की जानकारी भी दी जाती है । स्कूल का बाग बहुत सुन्दर है। उसमें तरह तरह के फूल खिलते हैं।

हमारा स्कूल सबेरे नौ बजे खुलता है। शाम को चार बजे बन्द होता है। यह एक ऐसा स्कूल है जहाँ से निकलनेवाले विद्यार्थी आदर्श नागरिक बन जाते हैं। इसलिए मैं अपने स्कूल को बहुत चाहता हूँ।

3. डाकिया

डाक लानेवाले को डाकिया कहते हैं। डाकिया एक सरकारी सेवक है और वह डाक-घर के अध्यक्ष के नीचे काम करता है। वह भूरे रंग की वर्दी पहनता है। कंधे पर एक झोली लटकाए आता है। वह डाक-घर से झोली में पत्र भरकर निकलता है। पत्रों को ठीक पतों पर पहुँचाता है। पत्र को ही नहीं, पार्सल और मनिआर्डर

द्वारा आनेवाला पैसा भी ठीक पहुँचाता है।

डाकिया अनपढ लोगों के नाम आनेवाले पत्र पढकर सुनाता है और जवाब भी लिखकर देता है। यह बहुत बड़ी सेवा है।

डाकिया लोगों का मित्र होता है। लोग रोज़ डाकिये की प्रतीक्षा में रहते हैं।

4. बाज़ार

बाज़ार वह स्थल है, जहाँ व्यवस्थित रूप से कई दूकानें होती हैं और जहाँ चीज़ें बेच या खरीद सकते हैं। पुराने ज़माने में लोग एक सार्वजनिक जगह पर जमा होते थे। वहाँ अपने माल बेचते थे। उसके बदले में अपनी ज़रूरत की चीज़ें दूसरों से लेते थे।

बाद में अस्थाई दूकानें बनीं । वहाँ चीज़ें सुरक्षित रखी गयीं। धीरे-धीरे कई स्थाई दूकानें बनाई गयीं। एक ही तरह के माल बेचनेवाले व्यापारी एक ही गली में दोनों तरफ दूकानें बसाने लगे।

ऐसे बाज़ार शहरों और महानगरों में हैं। मद्रास में ऐसे कुछ बाज़ार हैं जैसे सब्जी केलिए कोयंपेडु बाज़ार, विदेशी और विलासिता की चीज़ों केलिए बर्मा बाज़ार, कपडों केलिए रट्टन बाज़ार आदि।

आम तौर पर बाज़ार की इन दूकानों में चीज़ें ऐसे सजा

कर रखते हैं कि कोई भी मोहित हुए बिना न रह सकता। हर एक के मन में उन चीज़ों को खरीदने की प्रेरणा पैदा होती है। इसके अलावा दूकानदार बडे प्यार से लोगों का स्वागत करते हैं और माल दिखाते हैं। इससे हम चीज़ खरीदे बिना नहीं आ सकते।

सभ्यता के विकास के साथ-साथ बाज़ारों का भी विकास होता जा रहा है। ऐसे विकसित बाज़ार हैं सूपर बाज़ार। सूपर बाज़ार के अन्दर ज़रूरत की सभी चीज़ें मिलती हैं। यात्री लोगों के दर्शनीय स्थानों में बाज़ार एक अनिवार्य स्थान है। यहाँ बिकने वाली चीज़ों को वे बहुत चाव से खरीद लेते हैं।

5. मेरा परिवार

कहा जाता है कि अच्छा परिवार एक विश्व विद्यालय है। एक अच्छा नागरिक अच्छे परिवार से ही निकलता है। परिवार ही मनुष्य का प्रथम शिक्षा स्थल है। परिवार ही एक ऐसी जगह है जहाँ लोग एक दूसरे से अनोखा प्रेम दिखाते हैं। समाज में कई तरह के परिवार हैं। उनमें मेरा परिवार भी एक है। मेरा परिवार मध्यतर वर्ग का है।

हमारे परिवार में हम चार सदस्य हैं - माँ, बाप, मैं और मेरी छोटी बहन । पिताजी दफ्तर में काम करते हैं। मेरी माताजी स्कूल में अध्यापिका है, साथ ही घर में खाना पकाती हैं, घर संभालती हैं। मेरी बहन तीसरी कक्षा में पढ़ती है। मैं छठीं कक्षा में पढ़ता हूँ।

शाम को पाँच बजे पिताजी दफ्तर से लौटते हैं। जलपान करने के बाद हम बाज़ार जाते हैं। तरकारी आदि ज़रूरत की चीज़ें खरीदते हैं। कभी-कभी सिनेमा, नाटक या बीच जाते हैं। मेरी माताजी हमें पाठ पढ़ने में और गृह कार्य करने में सहायता करती हैं। मेरे पिताजी और माताजी हमें प्यार करते हैं। हम अपने पिताजी और माताजी का आदर करते हैं।

6. मेरा कुत्ता

कुत्ते कई प्रकार के होते हैं। उनमें अलसेशन, पोमरेनियन, कॉली, बुलडाग आदि प्रसिद्ध हैं। मेरा कुत्ता पोमेरियन जात का है।

मेरे कुत्ते का नाम टामी है। इसका रंग सफेद है। इसका शरीर सफेद बालों से ढका हुआ है। इसलिए वह बहुत सुन्दर लगता है।

यह हमेशा मेरे साथ रहता है। हम इसे बिस्कूट, दूध आदि देते हैं। वह उसे बहुत चाव से खाता है।

जब मैं स्कूल जाता हूँ तो वह पूँछ हिलाते मेरे पीछे दरवाज़े तक आता है। शाम को मेरा इन्तज़ार करता है। मुझे देखते ही पूँछ हिलाता है। मुझे चाटता है। मेरे ऊपर चढता है। शाम के समय मेरे साथ गेंद खेलता है। फिर हम दोनों बाहर घूमने जाते हैं।

कुत्ता वफ़ादार जानवर है। रात दिन यह घर की रखवाली करता है। मैं भी इसे बहुत चाहता हूँ।

7. मेरे दादा

मेरे दादा और दादी गाँव में रहते हैं। वे मुझे बहुत प्यार करते हैं। मैं भी उनको बहुत प्यार करता हूँ। हर सप्ताह दादाजी मुझे पत्र लिखते हैं। मैं हर साल छुट्टियों में गाँव जाता हूँ। वे भी मेरी प्रतीक्षा करते हैं। मुझे देखते ही गले लगाते हैं और चूमते हैं।

मेरे दादा अब बावन साल के हैं। वे एक स्कूल के अध्यापक हैं। मैं जब छुट्टियों में गाँव जाता हूँ तब उनकी भी छुट्टी होती है। वे सबेरे पाँच बजे उठते हैं। नहा-धोकर पूजा करते हैं। उसके बाद मंदिर जाते हैं। शाम को दादाजी घूमने जाते हैं तो मैं भी उनके साथ जाता हूँ। वे टेनिस के एक अच्छे खिलाडी हैं। मुझे भी वे यह खेल सिखाते हैं। रात को कहानी सुनाते हैं। कहानी सुनते सुनते मैं उनके ही पास सो जाता हूँ। वे अच्छी-अच्छी कहानियाँ सुनाते हैं जिनमें कोई शिक्षा भी होती है। छुट्टी के बाद मैं गाँव से शहर लौट आया हूँ। अब में अपने दादाजी से मिलने का अगला अवसर देख रहा हूँ।

8 . मेरा घर

हर एक मनुष्य केलिए, रोटी, कपडा और मकान अनिवार्य साधन हैं । इनमें मकान अपनी हैसियत के अनुसार बना लेते हैं। गरीबों केलिए झोंपडी, मध्यम वर्ग के लोगों केलिए फ्लैट या छोटे घर और अमीरों केलिए आलीशान मकान होते हैं।

मेरा भी अपना एक घर है। उसका नाम शान्ति भवन है। मेरा घर शहर के मुख्य भाग में है। यह एक सुन्दर बगीचे के बीच में बना हुआ है। यह मकान दुमंजिला है।

मेरा घर स्वयं पर्याप्त है। घर का बैठक सुसज्जित है। घर में बिजली का भी अच्छा प्रबंध है। पूजा करने, पढने और सोने केलिए अलग - अलग कमरे हैं। इन कमरों का फर्श मोसाइक का है। रसोई घर आधुनिक सुविधाओं से भरा हुआ है। घर के पीछे एक कुआँ है। कुएँ से मोटर के ज़रिए पानी निकाला जाता है।

मेरे घर के पास मंदिर, स्कूल, अस्पताल, डाकघर, बस स्टाप, रेलवेस्टेशन, दूकानें आदि सभी सुविधाएँ हैं।

मेरे घर की छत से आसपास के सुन्दर दृश्य देख सकते हैं। शहर में ऐसा एक घर बनाने में कम से कम बीस लाख रुपये लगते हैं ।

9. मेरी कलम

कलम कागज़ पर लिखने के काम आती है। इसे लेखनी भी कहते हैं। पुराने ज़माने में तालपत्र पर नुकीले कील से लिखा जाता था। धीरे-धीरे कागज़ का आविष्कार हुआ और उसपर चिडियों के पंख को नुकीला बनाकर स्याही में डुबोकर लिखते थे। इसके बाद लकडी की बनी कलमें बनाई गयीं। इसके बाद वाटरमेन द्वारा स्याही की कलमें प्रयोग में लायी गयीं। इसमें स्याही भर कर लिख सकते हैं।

कलमों का पुराना ज़माना बीत गया। आज तो बॉल पाइंट कलम चलती है। उसमें स्याही भरी रहती है।

इस बार मेरे जन्म दिन पर मेरे बडे भाई ने एक कलम भेंट की । इसका नाम हीरो है । यह एक पिस्टन पेन है। इसमें फिल्लर से स्याही भरने की ज़रूरत नहीं। कलम को खोलकर उसे दवात में डूबो कर कलम के पिछले भाग को दबाने से स्याही अपने आप भर जाती है। इसका निचला हिस्सा हरे रंग का है और ऊपरी भाग चाँदी के रंग का है। यह खूब लिखती है। अतः मैं इसे बहुत पसंद करता हूँ और रोज़ इसी से लिखता हूँ। मैं और किसी को यह कलम नहीं देता।

10. दीपावली

दीप और आवली शब्दों के मेल से दीपावली शब्द बना है। इसका अर्थ दीपों की पंक्ति है। दीपावली भारत भर का त्योहार है।

दीपावली के बारे में एक कहानी प्रचलित है। भगवान कृष्ण ने नरकासुर का वध किया था। अपनी मृत्यु के समय पर नरकासुर ने कृष्ण से प्रार्थना की कि इस दिन पर लोग मगंल स्नान करके नये कपडे पहनें और आपकी पूजा करें । इसी प्रकार हर हिन्दू उस दिन सबेरे उठकर तेल लगाकर मंगल स्नान करता है । मिठाई खाता है और पटाखे छोडता है ।

उत्तर भारत के लोग इस दिन शाम को दीपों से घर सजाते है। लक्ष्मी पूजन करते हैं। मित्रों के बीच मिठाई बाँटते हैं। व्यापारी लोग उसी दिन नव वर्ष का हिसाब शुरू करते है।

11. होली

भारत के मुख्य त्योहारों में होली भी एक है। होली उत्तर भारत का त्योहार हैं। यह पर्व प्रतिवर्ष शरद पूर्णिमा के दिन मनाया जाता है। वसंत पंचमी से लेकर चतुर्दशी तक दस दिन इस त्योहार की तैयारी करते है।

इस पर्व के बारे में एक कहानी प्रचलित है। अंसुर राजा हिरण्यकशिपु का पुत्र था प्रह्लाद। राजा नास्तिक था। बेटा विष्णु भक्त था। यह राजा को पसन्द नहीं आया। उसने बेटे को मार डालने के कई उपाय किये, पर प्रह्लाद भगवान की कृपा से सब से बच निकला। अन्त में राजा ने एक उपाय किया। राजा के एक बहन थी। उसका नाम होलिका था। उसको एक वरदान प्राप्त था कि आग उसे जला नहीं सकती थी। उसकी गोद में प्रह्लाद को बिठाकर आग लगा दी । लेकिन होलिका जल गई और प्रह्लाद नहीं जला। यह देखकर लोग आनंदित हुए। वे एक दूसरे पर गुलाल और अबीर का रंग डालने लगे। इसी दिन की यादगार में होली मनायी जाती है।

चतुर्दशी के दिन लोग होलिका दहन करते हैं। पूर्णिमा के दिन अमीर गरीब का भेदभाव भूलकर पिचकारी से एक दूसरे पर रंग डालते हैं। दोपहर के बाद नहाते हैं। नये कपड़े पहनते हैं। मित्रों के गले लगते हैं। मिठाई बाँटते हैं।

इस पर्व का एक उद्देश्य धर्म का अधर्म पर विजय को सूचित करना है। ऊँच-नीच का भेद भाव मिटाना भी इसका और एक लक्ष्य है ।

12. रमज़ान

मुसलमानों का बडा त्योहार है रमज़ान । इसे ईद्-उल फितर भी कहते हैं। रमज़ान एक महीने का नाम है। माना जाता है कि मुसलमानों का धर्मग्रन्थ कुरान इसी महीने में अल्लाह से प्राप्त हुआ। अतः यह उनके लिए धार्मिक महीना है । इस महीने में मुसलमान लोग दिन भर उपवास में रहकर रात के समय खाते हैं। इस उपवास काल में वे थूक तक नहीं निगलते हैं।

यह उपवास मुसलमानों के कलमा, हज, नमाज, ज़कात और रोज़ा नामक पाँच कर्तव्यों में से एक है। उपवास को रोजा कहा जाता है । उपवास काल में वे उल्लास विनोद से विमुख रहते हैं। इस महीने में अपनी शक्ति के अनुसार गरीबों को दान देते हैं। इसको ज़कात कहते है।

रमज़ान महीने का अंतिम दस दिन उनके लिए बहुत महत्वपूर्ण है। इस महिने के बाद शव्वाल महीना है। शव्वाल महीने में मुसलमान ईद का चांद देखते हैं और अपना रोज़ा खतम करते है ।

ईद के दिन सब लोग तडके उठकर नहाते हैं। उसके बाद नये कपडे पंहनकर अपने शरीर पर इत्र लगाते है। फिर सब नमाज़ पढने एक स्थान पर जमा होते हैं। नमाज़ पढने के बाद मिठाई खाते हैं और दूसरों को खिलाते है।

सब लोग बिना किसी भेदभाव के बडे प्रेम से आपस में मिलते हैं। इस समय ईद-मुबारक के नारे से दिशाएँ गूँज उठती है।

इस उपवास से मनुष्य मानसिक एवं शारीरिक रूप से स्वस्थ होता है।

13. क्रिसमस

मानव जीवन में त्योहारों का महत्वपूर्ण स्थान है। क्रिसमस ईसाइयों का मुख्य त्योहार है। संसार भर के सभी ईसाई इस त्योहार को बडे धूमधाम से मनाते हैं।

क्रिसमस ईसाइयों के पैगम्बर ईसा का जन्मदिन माना जाता है। यह हर साल दिसम्बर पच्चीसवीं तारीख को मनाया जाता है। इसके दस दिन पहले से लोग घर घर जाकर गीत गाते हैं। चौबीसवीं तारीख को क्रिसमस ईव मनाया जाता है। रात भर लोग गिरजा घर में जमा होकर प्रार्थना करते हैं। घरों में क्रिसमस पेड बनाकर उसमें बच्चों के लिए भेंट रखा जाता है। पेड को बिजली की ब्रत्तियों से सजाते हैं।

सबेरे बच्चे भेंट पाकर बहुत खुश होते है। माना जाता है कि सान्ताक्लास (सन्त निकोलस) दादाजी बच्चों के लिए ये भेंट लाते हैं।

सबेरे लोग नहाते हैं। नये कपडे पहनते हैं। फिर गिरिजाघर जाते हैं। अच्छा खाना पकाकर खाते हैं। शाम को लोग एक दूसरे से मिलते हैं। मिठाई बांटते हैं। बधाई देते हैं। दूर के मित्रों को क्रिसमस कार्ड भेजते हैं।

ईसाई लोग मानते हैं कि ईसा उन्हें शान्ति और सौभाग्य देते हैं। अतः उनके जन्मदिन को ईसाई लोग उत्साह और उमंग के साथ मनाते हैं।

14. दशहरा

दशहरा शब्द दशः हरा के संयोग से बना है। श्रीराम ने लंकेश रावण के दस सिरों का हरण किया था। अतः यह दशहरा कहलाया।

यह पर्व प्रति वर्ष आश्विन मास के शुक्ल पक्ष में प्रतिपदा से लेकर दशमी तक दस दिन मनाया जाता है । परन्तु हर प्रान्त में मनाने की रीति अलग अलग होती है।

उत्तर भारत में प्रतिपदा से राम लीला का खेल शुरू हो जाता है। दसवें दिन रावण का वध दिखाया जाता है। रावण, कुम्भकर्ण और मेघनाद के कागज के पुतले बनाकर उनमें आतिश बाजी भर दी जाती है। उसमें आग लगाने से रंगबिरंगी चिनगारियाँ निकलनें लगती हैं और ज़ोर ज़ोर से धमाके होने लगते है।

बंगाल में बंगाली लोग इस शुभ-अवसर पर शक्ति स्वरूपा दुर्गाजी का पूजन करते हैं। दुर्गा देवी के भक्त नौ दिन तक व्रत करते हैं। नवमी के दिन महा यज्ञ होता है।

कर्नाटक में दशहरा पर्व पर पूरे नगर को बत्तियों से सजाया जाता है। दसवें दिन एक सुन्दर जुलूस निकलती है। उसमें रथ, हाथी, घोडे, कई तरह के कलाकारों की कला-कृतियाँ आदि भाग लेते हैं। यक्ष गान का प्रदर्शन भी होता है। पुराने ज़माने में इस जुलूस में राजा भी भाग लेते थे।

इसी समय तमिलनाडु में नवरात्री मनायी जाती है। इस अवसर पर घरों और मंदिरों में विशेष पूजा की जाती है। घरों में मिट्टी की बनी मूर्तियाँ सजा कर रखी जाती हैं। ये नौ रात्रियाँ स्त्रियों

के लिए महत्वपूर्ण होती हैं। नवमी के दिन पुस्तक, कलम, अस्त्र-शस्त्र औजार आदि रखकर उनकी पूजा की जाती है। कारखानों और दफ्तरों में इस दिन को आयुध पूजा के नाम से विशेष रूप से मनाते हैं। दशमी के दिन घरों में छोटे बच्चों का अक्षरारंभ कराते हैं।

15. तिरुवोणम

तिरुवोणम केरल राज्य का मुख्य त्योहार है। फ़सल काटने के बाद श्रावण महीने में तिरुवोणम मनाते हैं।

असुर राज महाबलि के प्रभाव से इन्द्र को मुक्त करने केलिए भगवान विष्णु ने वामन का रूप लिया। सारे संसार पर महाबलि का प्रभाव जमा था। इसलिए वह घमंडी भी हो गया था। वामन के रूप में विष्णु महाबलि के पास गए और अपनी तपस्या केलिए तीन फ़ुट ज़मीन माँगी। महाबली ने कहा - अपने पैरों से नापकर लीजिए। भगवान ने एक फुट से सारी दुनिया नाप ली, दूसरे से सारा आकाश नाप लिया। तीसरे फ़ुट केलिए जगह नहीं थी। महाबलि ने अपना सिर दिखा दिया। तीसरा फ़ुट उसके सिर पर रखकर उसे पाताल लोक में भेज दिया। पाताल की ओर जाते जाते महाराज महाबलि ने यह वर माँगा कि मैं वर्ष में एक दिन अपनी प्रजा को देखने आऊँगा। वही तिरुवोणम का दिन है। केरल की ज़नता अपने न्यायी, स्नेही राजा को प्यार से मावेलि कहते थे। जिस दिन मावेलि आते हैं, घर के आंगन में मावेलि की प्रतिष्ठा करके उनकी पूजा करते हैं।

उस दिन सब लोग नये कपडे पहनते हैं। बडे लोग छोटों को उपहार देते हैं। स्त्रियाँ दीप की चारों ओर नृत्य करती हैं। बच्चे गेंद खेलते हैं। पेडों पर झूला डालकर झूलते हैं। दुपहर को सारे भाई - बंधु एक साथ बैठकर मिठाइयों के साथ खाना खाते हैं। ओणम संपन्नता और समृद्धि का उत्सव है। आनन्द और विनोद का उत्सव है।

16. प्यारा भारत देश हमारा

हमारा प्यारा देश भारत, संसार के देशों का सिरमौर है। यह देश एशिया भूखण्ड में बसा है। भारत के उत्तर भाग में हिमालय पर्वत, दक्षिण में हिंद महासागर, पश्चिम में अरब सागर और पूरब में बंगाल की खाडी है। इस तरह यह एक प्रायद्वीप है। संसार में केवल यही एक देश है जहाँ षडऋतुओं का आगमन होता है।

भारत पर प्रकृति की विशेष कृपा है। गंगा, यमुना, गोदावरी, कृष्णा, कावेरी, सिंधु आदि अनेक नदियाँ हैं जो धरती को उपजाऊ बनाने में सहायक हैं। यहाँ पर खनिज पदार्थ भी अधिक मात्रा में पाये जाते हैं।

प्राचीन काल से ही भारत सभ्यता और संस्कृति में संसार के अन्य देशों से आगे रहा है। मानव संस्कृति के आदिम ग्रन्थ ऋग्वेद की रचना यहीं पर हुई। इस देश की संस्कृति की अपनी कुछ विशेषतायें हैं जिसके कारण आज भी वह जीवित है। प्राचीन काल से लेकर भारतीय ज्ञान-विज्ञान के सभी क्षेत्रों में खोज करते आ रहे हैं। हमारा देश विश्व गुरु के नाम से प्रसिद्ध है। क्योंकि यहाँ के संगीत, चित्र, मूर्ति,स्थापत्य आदि कलाएँ तथा ज्ञान विज्ञान ,ज्योतिष, आयुर्वेद ये

सभी संसार के 'काशदाता रहे है। हमारे इस देश में ही, बुद्ध, महावीर, शिबी, शंकर, गाँधी, रामकृष्ण परमहंस आदि महान लोगों का जन्म हुआ। हमारे देश का अतीत गौरवमय रहा है। जीवन के हर क्षेत्र में हम आगे थे। आज भी हम उसी प्रकार आगे बढ रहे हैं। प्रकृति, वेशभूषा, खान-पान, रीति-रिवाज सब में भिन्नता होने पर भी भावना से हम सब में एकता है । कहा भी गया है कि 'अनेकता में एकता यह हिन्द की विशेषता।' ऐसे भारत के बारे में 'सारे जहाँ से अच्छा, यह हिन्दोस्ताँ हमारा' जो कहा जाता है वह सार्थक ही है।

17. पन्द्रह अगस्त(स्वतंत्रता दिवस)

भारत के इतिहास में पन्द्रह अगस्त का दिन अत्यन्त गौरव और कीर्ति का दिन है। इसी दिन शताब्दियों की दासता की बेडियों को तोडकर हमारा भारत आज़ाद हुआ। आज़ादी पाने केलिए कई देश प्रेमियों ने कठिन परिश्रम किया। यही नहीं, कुछ लोगों ने अपना बलिदान भी किया।

हर साल यह दिन भारत भर में धूमधाम से मनाया जाता है। भारत की राजधानी दिल्ली में यह दिन विशेष रूप से मनाया जाता है। इस दिन प्रधानमंत्री लाल किले पर राष्ट्रीय झंडा फहराते है और सैनिक-सलामी लेते हैं। स्थल सेना, वायुसेना और नौ-सेना का प्रतिनिधित्व होता है। इसके बाद हर प्रांत का प्रतिनिधित्व करते हुए झांकियाँ, लोकनृत्थ आदि भी होते हैं।

अंत में प्रधान मंत्री जनता को संबोधित करते हैं। इस समारोह में देश विदेश के नेता लोग और राजदूत भी भाग लेते हैं।

राज्यों में मुख्य मंत्री अपने राज्य के सचिवालय में राष्ट्र ध्वजा फहराते हैं और पुलिस की सलामी लेते हैं। इसके बाद मुख्य मंत्री का भाषण होता है। यहाँ भी रंगीन जुलूस निकलती है।

इसके अलावा भारत भर के स्कूलों, कालेजों और सरकारी कार्यालयों में भी झंडा फहराते हैं। इस पवित्र दिवस को उत्साह के साथ मनाते हैं और मिठाई बाँटते हैं।

इस दिन को इस तरह मनाना मात्र ही हमारा उद्देश्य नहीं होना चाहिए बल्कि निरंतर कठिन परिश्रम के बाद प्राप्त इस स्वतन्त्रता की रक्षा करना हर एक भारतीय का पहला कर्तव्य है।

18. गणतन्त्र दिवस

छब्बीस जनवरी सन् 1950 के दिन भारत संपूर्ण प्रभुत्व संपन्न लोकतन्त्रात्मक गणराज्य घोषित हुआ। स्वतन्त्र भारत को उन्नति के पथ पर आगे बढ़ाने के उद्देश्य से इसी दिन भारतीय संविधान का निर्माण किया गया। डा. राजेन्द्र प्रसाद प्रथम राष्ट्रपति चुने गये तब से यह दिन-गणतन्त्र दिवस के नाम से मनाया जाता हैं।

यह दिन भारत की राजधानी दिल्ली और सभी राज्यों की राजधानियों में बडे समारोह के साथ मनाया जाता हैं। सरकारी भवनों पर राष्ट्रीय ध्वज फहराये जाते हैं। इस दिन सार्वजनिक छुटटी रहती है।

दिल्ली में राष्ट्रपति तथा राज्यों में राज्यपाल सेना के तीनों अंगों, नेशनल कैडेट कोर के युवा छात्रों, बालचरों, महिला कैडेटों आदि से सलामी लेते हैं। दिल्ली के विजय चौक पर सेना के बहादुर सिपाहियों तथा विशिष्ट नागरिकों को उनकी श्रेष्ठ सेवाओं केलिए महावीर चक्र, परमवीर चक्र, पद्म भूषण, उपाधियों से विभूषित करते हैं। इस दिन अपने प्राणों को खतरे में डालकर दूसरों के प्राण-रक्षा किये हुए वीर बालक बालिकाओं को पदक और पुरस्कार दिये जाते हैं।

परैड में विभिन्न राज्यों की कलाकृतियों की शोभा यात्रा दर्शनीय होती है। अन्त में भारतीय वायुसेना के विमान अपने क़रतब दिखाते हैं और धुएँ से तिरंगे झण्डे का चित्र बनाते हैं। परेड में जल, थल व वायु सेना की नयी टुकडियाँ होती हैं। बन्दूकें , तोपें, बम, टैंक और युद्ध में काम आनेवाले अनेक अस्त्र-शस्त्र भी देखने को मिलते हैं। इस अवसर पर देश विदेश के अतिथि बिशिष्ट रूप से आमन्त्रित किये जाते हैं।

छब्बीस जनवरी की पावन तिथि हमारे सामने अनेक बलिदानों की पबित्र स्मृति लेकर आती है। गणतन्त्र दिवस हमें अपने पूर्बजों के त्याग, तपस्या और बलिदानों की अमर कहानी सुनाता है। यह पबित्र पर्ब हमें यह संदेश देता हैं कि तन-मन-धन से भारतीय स्वतंत्रता की रक्षा करना हमारा परम कर्तव्य है।

19. गाय

गाय एक पालतू जानवर है। उसके दो सींगें, एक पूछ और चार पैर होते हैं। वह एक सीधा-सादा उपयोगी जानवर है । गाय कई रंग की होती है। गाय के बच्चे को बछडा कहते हैं।

गाय घास, भूसा, हरे पत्ते आदि खाती है।

वह हमें दूध देती है। गाय का दूध तन्दुरुस्ती के लिए अच्छा होता है। दूध से दही मिलता है और दही से मक्खन निकालते हैं । मक्खन को गरम करने से घी मिलता है। कुछ लोग गाय का दूध, दही आदि बेचकर अपना गुज़ारा करते हैं।

गाय के गोबर और गोमूत्र खेती केलिए अच्छे खाद बनते हैं। इस वैज्ञानिक युग में गोबर का गैस बनाकर ईंधन के रूप में उपयोग करते हैं। यहाँ तक कि गोबर से बिजली भी पैदा करते हैं।

हिन्दू लोग गाय को गोमाता मानते हैं और उसकी पूजा करते हैं।

20. किसी गाँव का वर्णन

गाँव बहुत शान्त और सुन्दर होते हैं। हमारा गाँव भी वैसा ही है। हमारा गाँव तमिल़नाडु में तिरुनेलवेली जिले में हैं। उसका नाम कृष्णापुरम है।

यह गाँव बहुत छोटा है। लेकिन मनमोहक है। गाँव के बीच एक सुन्दर मंदिर है। गाँव के एक ओर रेलवे स्टेशन है और उसके पास ही बस स्टाप भी है। दूसरी ओर रामनदी बहती है। नदी के किनारे

दोनों तरफ सुन्दर बाग-बगीचे और हरे-भरे खेत हमारे मन को मोह लेते हैं। प्रातः काल गाँव का दृश्य हमें मुग्ध कर देता है। उस समय गायों का रंभाना, चिडियों का चहचहाना आदि बहुत सुहावने लगते हैं।

यहाँ अधिकतर लोग किसान हैं। कपडे बुनना, चंटाई बनाना आदि कुटीर उद्योग करनेवाले भी यहाँ रहते है। इनके अलावा डाक्टर, अध्यापक, व्यापारी आदि लोग भी यहाँ वास करते हैं। विभिन्न जाति के लोग आपस में मिल जुलकर रहते हैं।

ग्राम सुधार का काम गाँव की पंचायत करती है। वहाँ के लोगों की आवश्यकता पूर्ति केलिए पंचायत द्वारा एक पुस्तकालय, अस्पताल और एक स्कूल चलाया जाता है। गाँव के स्कूल में पाचवीं कक्षा तक ही है। पास वाले गाँव में हाईस्कूल और कालेज हैं। गाँव के अन्दर ही डाक-घर, बैंक और छोटी-बडी चार-पाँच्र दूकानें है। आजकल, बिजली की सुविधा भी है। नये युग में टी.वी., कंप्यूटर आदि नयी सुविधाएँ भी यहाँ पर उपलब्ध है ।

यहाँ के लोग सभी त्योहार एक साथ मिलकर धूमधाम से मनाते हैं। यहाँ का रथोत्सव बहुत ही प्रसिद्ध है।

हमारा गाँव नवयुग के आदर्श गाँव का एक सुन्दर नमूना है।

21.रेलगाडी

यातायात के अनेक साधनों में रेलगाडी का उन्नत स्थान है। भारत में रेल गाडी का आगमन अंग्रेजों के शासन काल में हुआ। आजकल रेल द्वारा भारत के हर कोने में पहुँच सकते हैं। यह गर्व की बात है कि आज भारतीय रेलवे का स्थान एशिया में पहला है और दुनिया में तीसरा है।

रेलगाडी के डिब्बों को डीसल या बिजली के इंजन खींचते है। रेल गाडी पट्री पर चलती है। पटरीं तीन प्रकार की है जैसे मीटर गैज, ब्राड गैज और नेरो गैज। रेल के डिब्बे कई प्रकार होते हैं, जैसे,पहली श्रेणी, दूसरी-श्रेणी, ए,सी, शयनयान आदि। नीचे उतरे बिना रेल गाडी के एक डिब्बे से दूसरे डिब्बे तक जाने की सुविधा भी आज के डिब्बों में है। ऐसे सुविधाजनक डिब्बे मद्रास के पैरम्बूर आई. सी.एफ में और इंजन चित्तरंजन में बनाये जाते हैं।

बहुत तेजी से जानेवाली गाडी को एक्सप्रेस कहते हैं और धीरे चलनेवाली गाडी को पेसंजर कहते हैं। दुर्घटना से बचाने केलिए सिग्नल की व्यवस्था होती है।

रेल द्वारा जनता ही नहीं जाती, बल्कि डाक, माल, जानवर आदि भी जाते हैं।

आजकल काश्मीर से कन्याकुमारी तक लोग रेल से जा सकते हैं। यह रेल कई प्रान्तों से होकर जाती है। इससे कई प्रान्तों के लोग एक साथ यात्रा करते हैं। इस प्रकार की यात्रा से होनेवाली मित्रता हमारी राष्ट्रीय एकता को बढाती है।

रेल यात्रा का आनंद अनोखा होता है। जब हम बस से यात्रा करते है, हमें सारा समय उकडूँ बैठना पडता है। लेकिन इसके विपरित हम रेल के डिब्बे के अन्दर धूम सकते हैं, चाहें तो ऊपर लेट सकते हैं और मजे से अपने मित्रों या बन्धुओं से गपशप कर सकते हैं। रेल के डिब्बे में ही खाना पकाकर परोसा जाता है। अतः अजकल बच्चे बूढे सभी रेल से यात्रा करने को बहुत पसंद करते हैं।

22. दूरदर्शन

दूरदर्शन विज्ञान का एक वरदान है। इसका जन्म जनवरी 1926 में यूरोप में हुआ। इसके आविष्कारक थे जेम्स लोगी बेयर्ड।

दूरदर्शन में ध्वनि तरंगों और दृश्य के प्रकाश को विद्युत धारा में बदल कर फिर इस धारा को रेडियो तरंगों द्वारा हजारों किलो मीटर दूर तक प्रसारित करते हैं। दूरदर्शन के प्रसारण दो तरह के होते हैं। एक रंगीन, दूसरा सफेद और काला।

दूरदर्शन एक ऐसा यन्त्र है जिसके माध्यम से दूर के स्थान से प्रसारित ध्वनि, चित्र सहित दर्शक के पास पहुँचती है। किसी वस्तु के संबन्ध में सुनने के साथ-साथ उसको देखने से उसका प्रभाव स्थाई हो जाता है।

आजकल दूरदर्शन का प्रसार बढता जा रहा है। यह शिक्षा, चिकित्सा,कृषि,मनोरंजन, समाचार आदि सभी के लिए

एक अच्छा माध्यम है। जनता इसके द्वारा घर में ही बैठकर ज्ञानार्जन कर लेते हैं।

शिक्षा के क्षेत्र में दूरदर्शन का हिस्सा अमूल्य है। प्रश्नमंच, यू.जी.सी. जैसे कार्यक्रमों के द्वारा शिक्षितों के ज्ञान को बढाया जाता है। यही नहीं, प्रौढ शिक्षा कार्यक्रम द्वारा अनपढ़ लोगों को काम-चलाऊ शिक्षा दी जाती है।

वैज्ञानिक विकास के कारण खेती, चिकित्सा जैसे क्षेत्रों में दिन-व-दिन विकास होता रहता है। उससे सम्बन्धित विषयों को दूरदर्शन उसी क्षण हमारे पास पहुँचाता है।

तरह-तरह के खेलों में अभिरुचि रखनेवाले लोगों के लिए दूरदर्शन विभिन्न देशों में खेले जानवाले खेलों का सीधा प्रसारण करता है।

दिन भर काम करके थके माँदे लोगों के मन बहलाने के लिए संगीत, नृत्थ, नाटक, सिनेमा आदि मनोरंजक कार्यक्रम प्रसारित किये जाते हैं।

प्रान्तीय, राष्ट्रीय, अन्तर्राष्ट्रीय समाचार जब के तब दूरदर्शन के द्वारा हमारे पास पहुँचाते हैं।

इस तरह दूरदर्शन को पिछली सदी का महान एवं उपयोगी आविष्कार कह सकते हैं।

23. हवाई जहाज़

मनुष्य समय समय पर आकाश में पक्षी की तरह उडना चाहता था । उस केलिए उसने कई परिश्रम भी किये । किसी को पूर्ण रूप से सफलता नहीं मिली । अंत में अमेरिका के राइट भाइयों ने हवाई जहाज़ बनाने की कोशिश की और उसमें सफल हुए।

हवाई जहाज़ की आकृति पक्षी के जैसे हैं। इसके दो पंख और एक पूँछ होते हैं। इसलिए इसे विमान भी कहते हैं। 'वि' का अर्थ पक्षी है और 'मान' का अर्थ रूप या आकार है।

इसका शरीर अलूमिनियम अल्लाय से बनाया जाता है। इसके पहिए होते हैं। एक प्रोपेल्लर भी होता है जो ए. सी इंजन से चलाया जाता है। उस इंजन का इंधन एविंयेशन स्पिरिट है।

विमान चालक "काकपिट" नामक एक अलग कमरे में रहते हैं । आधुनिक इलक्ट्रिक साधन की सहायता से विमान को चलाते हैं । हवाई जहाज़ और हवाई अड्डे के बीच में निरन्तर रेडियो संपर्क होता है ।

बडे विमान के अन्दर आम तौर पर पाँच सौ से ज्यादा यात्री बैठ सकते हैं । सुरक्षित बैठने, विश्राम करने और खाने केलिए यहाँ अच्छा प्रबंध है । इसके अलावा यात्रियों के माल रखने केलिए अलग से एक स्थान है । यात्रियों की सुख-सुविधाओं पर ध्यान रखने केलिए इसके अन्दर एयर होस्टस रहती हैं।

हवाई जहाज़ उडने के पहले थोडी दूर दौडने के रास्ते (रनवे) पर पहियों के सहारे दौडता है। फिर वे पहिए धीरे-धीरे ऊपर सिकुड जाते हैं। इसी प्रकार नीचे उतरते समय वे पहिए भी थोडी दूर दौड कर रुक जाते हैं । हवाई जहाज़ आठ किलो मीटर से पाँच हज़ार किलो मीटर तक की ऊँचाई पर उड सकता है । जहाज़ इतनी तेज़ी से चलता है कि कुछ ही घण्टों में हजारों मील तय कर लेता है ।

हवाई जहाज़ कई प्रकार के होते हैं। यात्रियों को ले जानेवाले, बोइंग, कनकार्ड के अलावा नंट, मिग - 8, एफ - 16 आदि युद्ध विमान भी होते हैं। युद्ध और शान्ति दोनों समय पर कई तरह से उपयोग किये जानेवाले हेलिकाप्टर विमान भी है।

हवाई जहाज़ आधुनिक काल का एक वैज्ञानिक आविष्कार माना जाता है । भारद्वाज के यंत्र सर्वस्व, नारायण की विमान चन्द्रिका, शौनक के व्योमयान यंत्र आदि पुस्तकों से यह ज्ञात होता है कि वेद काल से ही हमारे पूर्वजों को हवाई जहाज़ और तत्संबंधी बातों का अच्छा ज्ञान रहा है।-

भारत में पुष्पक, कृषक आदि विमान बैंगलूर में बनाते हैं।

हवाई यातायात सुरक्षित शीघ्र एवं कार्यक्षम साधन है। यह किसी भी देश की आर्थिक उन्नति में बहुत सहायक होता है।

24. महात्मा गाँधी

भारत हमारा महान देश है। इस देश में अनेक महान पुरुष हुए। इन महान पुरुषों में महात्मा गाँधीजी भी एक थे। उनका जन्म 2 अक्तूबर सन् 1869 में पोरबन्दर नामक स्थान में हुआ। उनके पिताजी का नाम करमचन्द गाँधी है और माता का नाम पुतलीबाई।

आप बचपन से ही परोपकारी विनम्र, सदाचारी, सत्यवादी, सुशील, सहिष्णु और अहिंसावादी थे।

गाँधीजी की प्रारंभिक शिक्षा घर पर हुई। हाई स्कूल में पढते समय आप कुसंगति में फँस गए थे। पर शीघ्र ही अपना अपराध पहचान कर अपने पिताजी से अपने अपराध को स्वीकार कर लिया। तेरह वर्ष की उम्र में ही कस्तूरबा से उनकी शादी हुई। हाईस्कूल की पढाई के बाद 1887 में पढने केलिए इंगलैण्ड चले गए।

बैरिस्ट्री की परीक्षा पास करके आप ने भारत लौट कर वकालत का काम आरम्भ कर लिया। एक मुकदमे की पैरवी केलिए आप दक्षिण आफ्रिका गये। उनको वहाँ कई अनुचित व्यवहारों का सामना करना पडा। तभी उनको मालूम हुआ कि यहाँ रहनेवाले भारतीयों के साथ बडा अमानुषिक व्यवहार किया जाता है। इससे दुःखी होकर उन्होंने उसके विरुद्ध आंदोलन छेड दिया। सन् 1914 ई में इस आंदोलन में पूरी सफलता प्राप्त करने के बाद स्वदेश लौटे।

तभी उनको मालूम हुआ कि स्वदेश में भी भारतीयों की स्थिति शोचनीय है। इसे देखकर उन्हें बहुत पीडा हुई। उन्होंने

अहिंसात्मक रीति से कई आंदोलन और सत्याग्रह चलाये। नमक सत्याग्रह, अंग्रेज़ों भारत छोडो, विदेशी कपडों का बहिष्कार आदि उनमें से मुख्य आंदोलन हैं। अन्त में भारत के अन्य स्वतंत्रता प्रेमी नेताओं की भी सहायता से सन् 1947 ई अगस्त 15 को भारत माँ की गुलामी की जंजीरें तोड दी।

जैसे वे एक सच्चे स्वतंत्रता सेनानी थे उसी प्रकार एक सच्चे समाज सुधारक भी थे। स्त्री-शिक्षा, हरिजनोद्धार, हिन्दु मुस्लिम एकता, ग्रामोद्धार आदि उनके प्रमुख सामाजिक सुधार हैं।

वे एक सच्चे ईश्वर भक्त थे। हर सोमवार को मौनव्रत रखा करते थे। हर रोज़ गीता और रामायण का पाठ किया करते थे। हिन्दू होने पर भी सभी धर्मों को समान मानते थे। उनकी प्रिय पंक्ति है–

"ईश्वर अल्ला तेरे नाम सबको सन्मति दे भगवान"

वे सीधा सादा जीवन बिताते थे। अपने हाथ से बुने खादी की धोती ही पहनते थे, वह भी घुटनों तक।

ऐसे महान आत्मा की नाथुराम विनायक गोटसे नामक एक युवक ने 30 जनवरी 1948 ई. को प्रार्थना सभा में गोली दाग कर मार दिया। मरते समय भी राम नाम जपते हुए ही मरे।

दिल्ली में इनकी स्मृति में एक समाधि बनाई गई है जो राजघट नाम से प्रसिद्ध है। कोई भी विदेशी आए इस समाधि का दर्शन करके अपना आदर समर्पित किये बिना नहीं जाता। इस प्रकार वे हमारे देश के ही पिता नहीं लौट बल्कि विश्वपिता बन गये हैं।

25. मदर तेरेसा

"उनके पाँव वहाँ पडते हैं जहाँ सबसे गरीब, सबसे साधारण एवं खोए हुए व्यक्ति रहते हैं।" रवीन्द्रनाथ टैगोर

इन पंक्तियों को सार्थक बनानेवाली महिला है मदर तेरेसा।

उनका जन्म 27 अगस्त 1920 को युगोस्लाविया के स्केप्जे नगर में हुआ। उनका परिवार एक मध्यम वर्ग का था। उनकी प्रारंभिक शिक्षा एक सरकारी स्कूल में हुई। बचपन से ही उनके मन में मानव मात्र की सेवा भावना भरी पडी थी। अतः वे अठारह साल की आयु में नन बनकर प्रारंभिक धार्मिक शिक्षा पाने डबलीन गई। शिक्षा प्राप्त करके ईसाई मिशनरियों के साथ चली आयी।

वे पहले लोटरी कांन्वेन्ट में अध्यापिका बनी। फिर वहीं प्रिंसिपल हो गई। वे हमेशा सादा जीवन, उच्चं विचार के आदर्श पर चलती थीं। उनका मन पर-पीडा से दुखित हो जाता था। बंगाल के लोगों की पीडा देखकर मन में सेवा भावना जाग उठी। वे अपनी नौकरी छोडकर मानव सेवा में जुट गयीं।

उनकी देखरेख में विद्यालयों, चिकित्सालयों, कुष्ठरोगियों की इलाज, अनाथ एवं मानसिक रोगी बच्चों केलिए बाल भवन, असहाय रोगियों केलिए पुनर्वास भवन आदि की स्थापना हुई। कलकत्ता के दो सेवा केन्द्र के नाम हैं निर्मल हृदय और फर्स्ट लव।

इन सब केलिए धन राशि धार्मिक एवं सामाजिक संगठनों से, विश्व संस्थाओं से और दानी-मानी व्यक्तियों से मिली। पोप की अनुमति से विश्व भर के कई देशों में मिशनरीस आफ चेरिटीस की शाखाएँ खोली गयीं।

निस्वार्थ भावना से ही उन्होंने ये सेवाएँ की थीं। तो भी उनकी सेवाओं की मान्यता के रूप में कई पुरस्कार उन्हें मिले। उनमें मुख्य हैं 1979 का नोबेल शान्ति पुरस्कार, भारत सरकार द्वारा पद्म श्री की उपाधि, फिलिप्पाईन्स से मागसेसे स्मृति पुरस्कार, कई अन्तराष्ट्रीय पुरस्कार, नेहरू पुरस्कार, टेंपलटन फाउण्डेशन पुरस्कार, पोप का शान्ति-पुरस्कार आदि। इनमें नोबेल पुरस्कार मिलने पर उन्होंने कहा कि यह पुरस्कार दरिद्रनारायण की सेवा केलिए ग्रहण करूँगी।

जीवन भर असंख्य भूखे असहाय बच्चों की वे माँ रही हैं। रोगियों की धाय व एकाकियों का आश्रय रही हैं। वे ईसाई थीं, पर अन्य सभी धर्मों को मान लेती थी।

अशांति की जड है; भूख, विषमता और अभाव की स्थिति। यदि हम इस पर विजय पा लें तो विश्व में अशान्ति कभी भी नहीं रहेगी। मदर तेरेसा के जीवन का लक्ष्य रहा कि संसार से अशान्ति को दूर कर दे।

26. विद्यार्थी जीवन

विद्या प्राप्त करने की इच्छा रखनेवाला विद्यार्थी कहलाता है। विद्यार्थियों के लक्षण पर प्रकाश डालनेवाली ये पंक्तियाँ अब स्मरणीय हैं।

"काक श्रद्धा बक ध्यानं श्वान निद्रा तथैव च।
अल्पाहारी गृहत्यागी विद्यार्थी पंचलक्षणम्।"

इसका अर्थ है – कौए की तरह श्रद्धा, बगुले का ध्यान, कुत्ते की तरह नींद, मिताहार और घर छोडकर गुरुकुलवास करना ही आदर्श विद्यार्थी का लक्षण है।

विद्यार्थी जीवन हर एक मनुष्य का सुवर्णकाल है। विद्यार्थी जीवन चिन्ता रहित है। इसलिए यह ज्ञान प्राप्त करने का अनुकूल समय है। विद्यार्थी को चरित्रवान होना चाहिए। विद्यार्थी को सरलता और सादगी से रहना चाहिए। कर्तव्य-पथ पर निस्संकोच आगे बढना चाहिए। बडों का आदर करना चाहिए। मुसीबतों का सामना बडे धैर्य के साथ करना चाहिए । आदर्श विद्यार्थी को अनुशासनप्रिय होना चाहिए। अच्छे मित्रों से संगति करनी चाहिए। राष्ट्र के लिए प्राण निछावर करने को भी तैयार रहना चाहिए। इन सब केलिए विद्यार्थी को सर्वतोमुखी प्रतिभावान बनना है। ऐसे बनने केलिए निम्न लिखित बातों पर ध्यान देना चाहिए। वे हैं देशप्रेम, ईश्वर भक्ति, बौद्धिक विकास, क्षमता का विकास, मानसिक विकास और शारीरिक विकास।

आज का विद्यार्थी कल का नागरिक है। अतः आज के विद्यार्थी केलिए राष्ट्रकवि मैथिलीशरणगुप्त का यह आह्वान बहुत ही उचित है।

भारत के सौभाग्यविधाता
भारत माँ के आज्ञाकारी
भारत विजयक्षेत्र में आओ
प्यारे भारतीय विद्यार्थी।

इससे स्पष्ट है कि विद्यार्थी जीवन अमूल्य है। उस अमूल्य समय में अपना कर्तव्य निभाकर हर एक विद्यार्थी अद्वितीय स्थान प्राप्त करे।

27. विद्यार्थी और अनुशासन

अनुशासन शब्द का शाब्दिक अर्थ है आदेशानुसार अनुकरण करना। समाज और राष्ट्र के अनुशासन का पालन करना हर एक मानव का प्रथम कर्तव्य है। इसके अभाव में कहीं भी किसी की उन्नति संभव नहीं है।

प्रकृति भी अनुशासित होकर अपने कार्य करती रहती है, जैसे सूर्य, चन्द्र नियमित रूप से भ्रमण करते हैं और नदियाँ नियमित रूप से अपने लक्ष्य की ओर निरंतर बढती रहती हैं। यदि इनमें थोडी सी भी अनुशासन हीनता हो तो वह विश्व को नष्ट कर देगा।

विद्यार्थी जीवन मानव का निर्माण काल है। इस काल में अनुशासनबद्ध रहकर शिक्षा प्राप्त करनेवाला विद्यार्थी मान सम्मान का पात्र बनता है। भविष्य जीवन में वह सभी तरह विकास पा सकता है।

सच्चे अनुशासन का स्वरूप है कि विद्यार्थी मित भाषी बने, दिनचर्या नियमित रूप से करे, यथाशक्ति परहित करें, सदाचार का पालन करें और राष्ट्र हित का ध्यान रखे।

आज के छात्रों में अनुशासनहीनता बढती जाती है। इसके कई कारण होते हैं। पारिवारिक परिस्थितियाँ एवं वातावरण, आर्थिक कारण, राजनैतिक नेताओं की स्वार्थ भावना, आधुनिक शिक्षा पद्धति आदि उनमें मुख्य हैं।

इसको हटाने का दायित्व माँ-बाप एवं गुरुजनों पर है। उन्हें बच्चों से मनोवैज्ञानिक ढंग से व्यवहार करना चाहिए।उनके आचरण का प्रभाव भी बच्चों पर पडता है। अतएव उनका अपना आचरण भी शुद्ध रहना चाहिए। शिक्षा पद्धति में परीक्षाओं पर अधिक बल देकर नैतिक शिक्षा एवं चरित्र निर्माण को महत्व देना चाहिए। हमारी प्राचीन शिक्षा प्रणाली विद्यार्थी के देह, बुद्धि और मन को पूर्णतः विकसित करती थी। वही शिक्षा प्रणाली अपनायी जाय तो ज़रूर आज का विद्यार्थी अनुशासन बद्ध रहेगा और भविष्य में देश का नाम उज्वल करेगा।

28. शिक्षा में खेलों का महत्व

सच्ची शिक्षा का उद्देश्य बच्चों का शारीरिक, मानसिक और बौद्धिक शक्तियों का विकास करना होता है। ये सब केवल पुस्तकीय शिक्षा द्वारा संभव नहीं । शिक्षा में खेल कूद को उचित स्थान देने पर ही छोत्रों में सहयोग, सहानुभूति, अनुशासन और दायित्व की भावना पैदा होती है। अतः खेल कूद के बिना शिक्षा अधूरी रहती है।

स्वस्थ शरीर में ही स्वस्थ मन का निवास होता है। शरीर और मन दोनों को स्वस्थ रखने का एक मात्र उपाय है खेल कूद।

खेल कूद दो प्रकार के होते हैं। शारीरिक विकास देनेवाले खेल मैदान में खेले जाते हैं। मानसिक विकास देनेवाले, कमरे के अन्दर। मैदान में खेले जानेवाले खेल फुटबाल, क्रिकेट, टेन्नीस, वालीबाल आदि हैं और कमरे के अन्दर खेले जानेवाले खेल कैरमबोर्ड ,चैस आदि।

प्रत्येक विद्यालय में खेल कूद की सभी सुविधाएँ होनी चाहिए और सिखलाने केलिए क्रीडा अध्यक्ष होना चाहिए। विविध प्रकार के खेल होने चाहिए और उनमें से अपनी रुचि के अनुसार खेल चुन लेने की आज़ादी भी चाहिए। लडकों और लड़कियों को उनकी शारीरिक गठन के आधार पर खेलने की सुविधा होनी चाहिए। बच्चों को प्रोत्साहित करने केलिए समय समय पर प्रतियोगिताओं का आयोजन होता रहना चाहिए। विजयी छात्रों को पुरस्कार देना चाहिए।

खेलों द्वारा बालक में छिपे हुए गुणों का विकास होता है और उसकी नेतृत्व शक्ति का पता चलता है। खेल कूद में टीम बना के खेलने के कारण टीम स्पिरिट, सहयोग, मिलजुलकर रहना इन गुणों का विकास होता है। अच्छे खिलाडी केलिए खेल में हार जीत दोनों समान होती हैं। खेलों का और एक महत्वपूर्ण लाभ यह है कि इससे राष्ट्रीय एवं अंतर्राष्ट्रीय एकता बढ़ती है।

पढ़ पढ़ कर थक जाने पर मनोरंजन केलिए खेल की आवश्यकता होती है। इससे खिलाडी या खेलप्रेमी दोनों को खेल के मैदान मं एक अपूर्व आनन्द का अनुभव होता है।

मानव केवल शिक्षा से ही प्रसिद्ध हो सकते हैं, ऐसी बात् नहीं है । अच्छा खिलाडी बन कर भी कइयों ने अपना नाम इतिहास

के पन्नों पर अमर कर लिया है। जैसे गवास्कर, पी.टी. उषा, सोबर्स–इन लोगों ने प्रसिद्ध होने के साथ ही देश का भी मस्तक ऊँचा किया है।

सरकार ने आज यह समझ लिया है कि "पढोगे, लिखोगे, बनोगे नवाब, खेलोगे, कूदोगे होगे खराब" वाली बात पूर्ण रूप से सही नहीं है। इसीलिए आजकल देश के विभिन्न भागों में खेल कूद केलिए अलग कालेज खोले हैं। उसके अलावा खेल कूद केलिए एक अलग मंत्रालय ही स्थापित है जो विभिन्न खेलों को प्रोत्साहन देता है।

29. पुस्तकालय

पुस्तक और आलय शब्द मिलकर पुस्तकालय शब्द बनता है। पुस्तकों के संग्रह स्थान को पुस्तकालय कहते हैं। पस्तकों का आलय वास्तव में सरस्वती का पावन मंदिर है, जहाँ-विज्ञान की प्रत्येक शाखा में अनेक पुस्तकें उपलब्ध होती हैं।

पुस्तकालय अनेक् प्रकार के होते है। जैसे स्कूल-कालेजों और विश्वविद्यालयों के निजी पुस्तकालय, सार्वज़निक और चल पुस्तकालय। स्कूल कालेजों के पुस्तकालयों में

पाठ्य विषयों पर पुस्तकें होती हैं। विद्या प्रेमी और धनी अपनी ज्ञान-पिपासा को शान्त करने के लिए अपने घर में निजी पुस्तकालय रखते हैं। सार्वजनिक पुस्तकालय सरकार द्वारा चलाये जाते हैं। इसके अलावा महानगरों में ब्रिटीश

काउन्सिल तथा अमेरिकन एम्बसी भी सार्वजनिक पुस्तकालय चलाते हैं। सार्वजनिक पुस्तकालयों से सभी ज्ञान- पिपासु लाभ उठा सकते हैं। चल-पुस्तकालय चलनेवाली गाडियों में पुस्तकें लेकर गाँव-गाँव घूमते है। यह शहर से बाहर रहनेवालों के लिए एक वरदान है।

पुस्तकालयों में सदस्य बनने केलिए सदस्यता शुल्क भरना होता है। बडे पुस्तकालयों में पुस्तकालय-विज्ञान के विशेषज्ञ नियुक्त किये जाते है। पुस्तकालय में किताबें विषयक्रमानुसार अलमारियों में रखी जाती हैं। सदस्य वहाँ जाकर अपने आप जरूरत की किताबें चुन सकते हैं। इसके अलावा वहीं बैठकर पढने या आवश्यक बातें नोट कर लेने की सुविधा भी रहती है।

पुस्तकालय से अनेक लाभ हैं। ज्ञान-विज्ञान के क्षेत्र में नित्य विकास होता रहता है और प्रत्येक विषय में सैकडों पुस्तकें निकलती रहती हैं। कोई भी मनुष्य सभी पुस्तकें स्वयं नहीं खरीद सकता। अच्छे पुस्तकालय में ये सारी पुस्तकें उसे-सुगमता से मिल जाती है। स्कूल कालेजों में जो शिक्षा मिलती है उनसे हमें पूरा ज्ञान नहीं मिलता। पुस्तकालय उस कमी की पूरा करता है। गरीब विद्यार्थियों के लिए पुस्तकालय एक वरदान है।

पुस्तकालय मनोरंजन का भी एक अच्छा साधन है।

30. समाचार पत्र

मनुष्य सामाजिक प्राणी है। वह अपनी चारों ओर घटित होनेवाली बातें जानना चाहता है। इसकेलिए उपयुक्त साधन है समाचार पत्र। उसके द्वारा मानव घर बैठे बैठे दुनिया भर की खबरें पढ़कर समझ लेता है। पढ़े-लिखे लोग सुबह सुबह चाय या काफी के प्याले के साथ ताज़ा समाचार पत्र चाहते हैं।

पुराने ज़माने में ढिंढोरा पीटकर मुख्य घटनाओं की सूचना राज्य भर दी जाती थी। समाचार पत्र का जन्म पहले इटली के बेनिस नगर में हुआ था। भारत में अठारहवीं शताब्दी में ईस्ट इंण्डिया कंपनी ने इण्डिया गज़ट का प्रकाशन किया। धीरे-धीरे भारत की बिभिन्न भाषाओं में समाचार पत्रों का प्रकाशन शुरू हुआ।

समाचार पत्र के प्रकाशन में काफी धन और श्रम की आवश्यकता होती है। इस में बहुत से लोग दिन रात काम करते हैं। समाचारों के संग्रह के लिए काफी धन खर्च करना पडता है। समाचार पत्रों की सफलता का मुख्य आधार अच्छे संवाददाता होते हैं। ये सारे संसार में व्याप्त रहते हैं और बडी कुशलता से समाचारों का संग्रह करते हैं। फिर रोचक एवं महत्वपूर्ण समाचारों का संकलन करके डाक-तार या टेलिप्रिंटर द्वारा जल्दी से जल्दी अपने कार्यालय भेज़ देते हैं। आजकल वीडियो कानफ़रन्सिंग द्वारा समाचार भेजा जाता है । इन समाचारों को उपसंपादक गण संपादित करके कंपोसिंग विभाग में भेजते हैं। वहाँ बडी बडी रोटरी मशीनों में समाचार पत्र छापे जाते हैं ।

कुछ पत्र कंप्यूटर से भी छापे जाते हैं । इसके बाद इसे ट्रेन, बस, रेल या हवाई जहाज के द्वारा विभिन्न स्थानों में भेज दिया जाता है।

समाचार पत्र के अनेक लाभ हैं। इनके नियमित वाचन से मनुष्य का सामान्य ज्ञान बढ़ता जाता है । समाचार पत्रों द्वारा विज्ञापन करके व्यापारी लोग लाभ उठाते हैं। नौकरी पाने में, शादी होने में, घर या ज़मीन खरीदने में समाचार पत्र का अच्छा हाथ है।

समाचार पत्र सरकार और जनता को मिलानेवाली कड़ी है। निस्सन्देह समाचार पत्र समाज एवं देश केलिए अत्यन्त उपयोगी साधन हैं। समाचारों के चयन में निष्पक्षता, इन्हें प्रस्तुत करने में ईमानदारी तथा अखबार चलाने के मूल में जनहित की भावना होनी चाहिए। ऐसा समाचार पत्र जनता के बीच में लोकप्रिय बनेगा और सरकार में भी उसकी धाक रहेगी।

इस प्रकार के पत्रों में हिन्दू, हिन्दुस्तान टाइम्स, इंण्डियन एक्सप्रेस आदि प्रमुख है। ये दैनिक पत्र हैं। इनके अलावा साप्ताहिक, पाक्षिक और मासिक पत्र भी हैं।

31. परोपकार

मानव अपने कुछ विशिष्ट गुणों के कारण दुनिया के सभी प्राणियों में श्रेष्ठ माना गया है। उसके इन गुणों में परोपकार की भावना सर्वश्रेष्ठ है। परोपकार मानव जीवन का धर्म है। कवि श्री मैथिली शरण गुप्त का कथन है कि 'वही मनुष्य है कि जो मनुष्य केलिए मरे।'

परोपकार शब्द, पर उपकार, दो शब्दों के योग से है, जिसका अर्थ है दूसरों की भलाई। अतः परोपकार में स्वार्थ सिद्धि की भावना नहीं होती। परोपकार करने से मन प्रसन्न होता है और उसके हृदय में दया, क्षमा, दानशीलता आदि गुणों का विकास होता है। परोपकारी यह अनुभव करता है कि सच्चा सुख त्याग में ही है, भोग में नहीं। भोग का सुख क्षणिक है और त्याग का सुख शान्तिदायक और चिरन्तन है।

मानव अपनी सामर्थ्य के अनुसार तन, मन और धन से परोपकार कर सकता है। दीन दुखियों की सेवा कर सकता है। अमीर लोग जन कल्याण केलिए औषधालय, पाठशाला, पुस्तकालय आदि बनवाकर धन का सदुपयोग और परोपकार कर सकते हैं । शिक्षित व्यक्ति दूसरों को शिक्षित कर सकता हैं । तन्दुरुस्त व्यक्ति रचनात्मक कार्य केलिए शारीरिक परिश्रम कर सकता है।

हमारे इतिहास परोपकारियों के दृष्टान्तों से भरे पडे हैं। शिबि, महर्षि दधीचि, गांधीजी, आचार्य विनोबा भावे, स्वामी विवेकानंद आदि उनमें से कुछ महात्मा हैं ।

मानव ही नहीं बल्कि जड जंगम प्राणी भी परोपकार करते हैं । सूर्य और चन्द्र, उष्ण और शीतल किरणों से परहित करते हैं ।। वृक्ष और नदियाँ परोपकार करने में पीछे नही। सचं है,

वृक्ष कबहूँ नहिं फल-भखें, नदी न संचै नीर।
परमारथ के कारने, साधुन धरा सरीर।

इस प्रकार प्रकृति भी हमें परोपकार की शिक्षा देती है। प्रकृति से यह शिक्षा ग्रहण कर हमें भी परोपकार की भावना को अपनाना चाहिए । वास्तव में परोपकार सब घर्मों का मूल है । इसलिए महात्मा तुलसीदास ने परपीडा को छोडकर परहित को सर्वश्रेष्ठ घोषित किया है।

परहित सरिस धरम नहिं भाई।
पर पीडा सम नहिं अधमाई।।

32. दहेज प्रथा

एक परिवार को चलाने केलिए कई समस्याओं का सामना करना पड़ता है। उसमें भी बेटी को दहेज देकर शादी करना एक सागर को तैर कर पार करने के समान है। कहा भी गया है पाँच, छे लड़कियाँ हों तो राजा भी रंक बन जाएगा।

आजकल दहेज प्रथा ऊँच, नीच के भेदभाव के बिना सब वर्गों में समान रूप से प्रचलित है। यह एक प्रकार का व्यापार बन गया है। धनवान लोग आय कर से बचने केलिए ज़्यादा से ज़्यादा दहेज देते है। यही नहीं, इसके द्धारा अपनी सम्पन्नता की डीगं मारते हैं। यह रही धनवानों की बात । पर साधारण लोग बेटी को दहेज देने केलिए उसके जन्म से लेकर धन जुटाने लगते हैं । इसके लिए उन्हें कभी-कभी विवश होकर गलत रास्ते से भी कमाना पडता है।

वास्तव में लड़केवालों के लिए, बिना हाथ पैर हिलाए धन हडपने का साधन है दहेज । पर नारी जीवन केलिए यह है अपिशाप। नारी में रूप, गुण, शिक्षा और धन कमाने की शक्ति इतना होने पर भी

उसे पुरुष के गान नहीं माना जाता। उसे भी पुरुष की पढ़ाई, धन, आदि स्तर के अनुरूप यह रकम देना पडता है।

दहेज प्रथा नारी केलिए ही नहीं, समाज केलिए भी अभिशाप है। इस प्रथा के कारण कई कन्यायें कन्या ही रह जाती हैं। बारात के आने के बाद दहेज की कमी के कारण शादी रुक जाती है। उस अपमान से छूटने के लिए लडकी के माँ-बाप इस संसार को छोड देते हैं। शादी हो जाने पर भी यदि दहेज कम दिया जाय तो उसका फल भोगनेवाली भी नारी होती है। लेकिन विशेषता यह है कि इस कमी के लिए उसे सतानेवाली भी एक नारी ही होती है। इसी कारण से आज़कल के अखबारों में यह समाचार पढ़ने को मिलता है कि नव वधू की हत्या या आत्महत्या।

समाज की इस कुप्रथा को जड से उखाडने के लिए सरकार ने 1961 में एक कानून पारित किया कि दहेज देनेवाले और लेनेवाले दोनों को गिरफ्तार किया जाएगा। लेकिन इस प्रथा का अंत तभी होगा जब हर एक मनुष्य अपने मन से सुधरता है। यह काम आज के नवयुवकों के कंधों पर है। हरेक नव युवक यह प्रतिज्ञा ले कि हम दहेज नहीं लेंगे और हर एक युवती यह प्रतिज्ञा ले कि हम दहेज लेनेवाले से शादी नहीं करेंगी। आशा है, आजकल के माँ-बाप शिक्षित हैं और वे भी अपने बच्चों के लिए दहैज की माँग न करेंगे। इस तरह समाज के मानसिक परिवर्तन से ही इस कुप्रथा का अंत हो सकता है।

33. रेल यात्रा का वर्णन

विभिन्न प्रदेशों की जनता को आपस में मिलानेवाली रेल गाडियाँ सचमुच एकता का संदेश देती हैं। सवारी के अन्य साधनों में से रेल यात्रा का अपना अलग आकर्षण है। रेल यात्रा का आनन्द अनोखा होता है।

मैं रेल यात्रा को पसंद करता हूँ। पिछली गर्मी की छुट्टियों में हम दस मित्र मिलकर ऊटी की यात्रा पर निकले थे। आज तक उस रेल यात्रा की मीठी याद मन में ताज़ी है।

मद्रास से रात को नौ बजे मेटटुपालयम एकस्प्रेस से निकल पडे। हम आराम से एक डिब्बे में सवार हो पाये और रास्ते-पर गाते-बजाते, हँसते-खेलते सैर कर रहे थे। गाडी अगले दिन सबेरे सात बजे मेटटुपालयम पहुँची।

मेटटुपालयम में उतरकर हम ऊटी जानेवाली छोटी गाडी में सवार हो गये। यह गाडी साढे सात बजे मेट्टुप्पालयम से निकली।

यहाँ की पटरी नैरो गैज कहलाती है। यहाँ दोनों पटरियों के बीच एक दान्तोंवाली पटरी होती है। यह, पहाड पर चलनेवाली गाडी को फिसलने से रोकती है।

पहाड पर गाडी टेढी-मेढी लाइन पर सांपिन की तरह चढती चली। जहाँ देखो, हरियाली ही हरियाली थी। चाय और काफी के बाग, यूकालिप्टस के पेड, टमाटर और दूसरी तरकारियाँ, बगीचे आदि से सारा वातावरण रंगीन था। गाडी ज्यों ज्यों ऊपर चढती गयी बादल

सफेद रूई की तरह डिब्बों के अन्दर प्रवेश करने लगे । हमें ऐसा मालूम पडा कि हम मेघमण्डल में विचरण कर रहे हैं। ठीक बारह बजे ऊटी पहुँच गये।

वहाँ दो तीन दिन मजे से बिता कर रेलगाडी से ही मद्रास को रवाना हुए।

34. गर्मी की छुट्टियाँ मैंने कैसे बितायीं

कई बच्चों के लिए गर्मी की छुट्टियाँ बहुत ही आनन्ददायक होती हैं । हम इस छुट्टी की बहुत ही प्रतीक्षा करते हैं । छुट्टी मिलते ही हम हर साल कहीं उल्लास यात्रा पर जाते है ।

इस बार हमारे स्कूल की छुट्टी अप्रैल 20 तारीख को शुरू हुई। इक्कीसवीं तारीख को हम बैंगलूर, मैसूर की यात्रा पर गये। मेरे माँ-बाप और मेरे भाई साथ में थे। हम मद्रास से रात की गाडी से रवाना हुए। अगले दिन सबेरे बैंगलूर पहुँचे। उस दिन वहाँ लाल बाग, विधान सभा, विश्वेश्वरय्या म्यूसियम, ललित महाल आदि जगहें देखने गये। मैसूर में वृन्दावन गार्डन, चिडिया घर, चामुण्डी-हिल्स आदि देख आये। दो-तीन दिन और बैंगलूर में रहकर हम मद्रास वापस आ गये। तब तक मेरी परीक्षा का फल आ गया। में पास हो गया। मैं फूला न समाया।

इसी बीच मेरे मामा और मामी बच्चों के साथ मद्रास आ पहुँचे। अपने ममेरे भाई बहनों के साथ खेलते छुटटी सरपट खतम हो गयी। अब मैं स्कूल आ गया। तो भी छुट्टियों की मीठी यादें अब भी मुझे पुलकित कर रही हैं।

35. किसी अविस्मरणीय घटना का वर्णन

मनुष्य के जीवन में हर रोज़ कई घटनाएँ घटती हैं। उनमें से बहुत सौ घटनाएँ हम भूल जाते हैं। एक या दो घटनाएँ ऐसी होती हैं, जिन्हें हम अपने जीवन भर नहीं भूल सकते। ऐसी एक घटना घटी जो अब भी मुझे वैसे के वैसे याद है।

दो साल पहले हमारे स्कू ल से हम छठी कक्षा के विधार्थी उल्लास यात्रा पर महाबलिपुरम गये। जाते समय वेडंतांगल और तिरुक्कलुकुन्ड्रम जाकर वहाँ से महाबलिपुरम पहुँचे। हमारे साथ दो अध्यापिकायें और हमारे व्यायाम अध्यापक आये थे।

हमने मज़े से वहाँ की मूर्ति कला का आनन्द उठाया। साथ ही वहाँ की दूकानों से समुद्र से मिलनेवाली कुछ सुन्दर चीज़ें खरीद लीं। इसके बाद हमने खाना खाया और गाने-बजाने लगे।

शामको समुद्रतट पर गये और लहरों का आनन्द लूटने लगे। वैसे ही हम लहरों में पांव घो रहे थे, उस समय मेरा दोस्त राकेश अध्यापक से अनुमति लिए बिना लहरों में नहाने उतर गया। नहाने के मज़े में वह धीरे धीरे आगे बढता गया। हम में से किसी का ध्यान उस ओर नहीं गया। यकायक लहरों के बीच में से एक आवाज़ उठी जो साफ सुनाई नहीं पडी। सब लोगों ने उस ओर देखा तो कोई लहरों में लुढक रहा था। तुरन्त हमारे व्यायाम अध्यापक बिना सोचे-विचारे समुद्र में कूद पडे। वे बहुत अच्छे तैराक थे। वे तैज़ी से तैर कर वहाँ तक पहुँच गये। और राकेश को भी लेकर किनारे तक पहुँच गये। तब तक राकेश बहुत पानी पी चुका था और बेहोश हो गया था। उसे

देखते ही हम सब घबरा गये। हमारे एक अध्यापिका ने उसे प्रथमोपचार दिया। वह धीरे-धीरे पानी कै करने लगा और उसकी आँखें धीरे-धीरे खुलने लगीं। ईश्वर की कृपा से वह बच गया। हम सबको तभी शान्ति मिली । हम सब किसी न किसी प्रकार घर वापस आ पहुँचे ।

आज भी उल्लास यात्रा या महाबलिपुरम का नाम सुनते ही मेरी आँखों के सामने यह दृश्य आ जाता है।

36. एक मनोरंजक घटना

कुछ घटनाएँ ऐसी होती है जो जब सोचे, हँसी आ जाती है। ऐसी एक मनोरंजक घटना पिछले महीने में घटी। मेरे भाई को जोर का बुखार था। मैं उसे लेकर, डाक्टर के यहाँ गया। डाक्टर अंदर एक औरत से बोल रहे थे। डाक्टर ने उनसे कई प्रश्न पूछे। उनमें से एक था-आप कितने बरस की है? उन्होंने जवाब दिया कि मुझे याद नहीं, डाक्टर। लेकिन ठहरिये, मैं सोचकर बताती हूँ। एक मिनट सोचकर उन्होंने बताया - हाँ मुझे अब याद आयी, डाक्टर। जब मेरी शादी हुई मैं अठारह वर्ष की थी और मेरे पति तीस के थे। मेरी समझ में इस समय मेरे पति साठ के है; मतलब तीस से दूने। तब मैं हुई अठारह से दूनी, यानि छत्तीस, ठीक है न?

यह सुनकर वहाँ बैठे सब लोग हँस पडे। आज भी इस घटना की याद करते ही मुझे हँसी आ जाती है।

37. मेरी प्रिय पुस्तक

प्रत्येक मानव की रुचि भिन्न होती है। अपनी शिक्षा, बुद्धि और परिस्थितियों के अनुकूल उसकी अपनी पसन्द रहती है। मेरा शौक पुस्तकें पढ़ने का है। में काव्य से बढ़कर कहानी और उपन्यास पढ़ता हूँ। उपन्यास साम्राट प्रेमचन्द जी के कई उपन्यास मैंने पढे हैं। उनमें से मेरी प्रिय पुस्तक निर्मला है।

प्रेमचन्द जी का उद्देश्य है अपने साहित्य द्वारा समाज का उद्धार करना। उस दृष्टि से निर्मला एक सफल उपन्यास है।

निर्मला एक भोलीभाली 15 साल की लड़की है जिसका विवाह एक प्रतिष्ठित परिवार के वर से होनेवाला था। अचानक पिता की मृत्यु और धनाभाव के कारण वह शादी रुक जाती है । और उसकी शादी एक बूढ़े वकील से हों जाती है । उस वकील के तीन बेटे है और एक विधवा बडी बहिन है । उस परिवार में निर्मला को कई प्रकार की कठिनाइयों का सामना करना पडता है । एक हद तक वह सामना कर लेती है। लेकिन पीडा असह्य हो गयी तो उससे विमुक्त हुए बिना ही वह मर जाती है। उसका ससुराल भी नष्ट हो जाता है।

इस उपन्यास में प्रेमचन्द जी ने दहेज प्रथा, अनमेल विवाह, उसके कारण से होनेवाली कई समस्याएं आदि को स्पष्ट दिखाया है। निर्मला के चरित्र को उन्होंने मनोवैज्ञानिक ढंग से चित्रित किया है । इस उपन्यास को पढ़ते हमारी आँखें गीली हुए बिना न रहतीं।

उपन्यास की भाषा उर्दू मिश्रित, मुहावरेदार, सरस और सरल हिन्दी है। इस उपन्यास के हर पात्र का अपना स्थान होता है। मर्मस्पर्शी वर्णन सर्वत्र झलक पडता है। इस उपन्यास को पढ़नेवाले के मन में

अवश्य अमिट प्रभाव पडेगा । यह पढते समय मुझे यह अनुभव हुआ कि इसकी कथावस्तु काल्पनिक नहीं है। यथार्थ में ऐसी कई निर्मला और उनके चारों ओर की समस्याएं नित्य प्रति घटती रहाती हैं। इसे पढ़ने के बाद मेरे मन में समाज सुधार की भावना जाग उठी। प्रेमच्चन्द जी ने इस उपन्यास द्वारा यह स्थापित कर दिया है कि कलम की शक्ति तलवार से बढ़ कर है।

इसे पढ़नेवाला कोई भी पाठक; निर्मला को ही अपनी प्रिय पुस्तक कहने में नहीं हिचकेगा।

38. विज्ञान से हानि तथा लाभ

ज्ञान की विविध शाखाओं का यथाक्रम पठन ही, विज्ञान है। मनुष्य प्रकृति के नियमों का निरन्तर खोज करता रहा और बर्बरता से सभ्य बनता गया।

विज्ञान ने हमारे जीवन में एक क्रान्ति पैदा कर दी है। जीवन के हर क्षेत्र में विज्ञान का विलास देख सकते हैं। विज्ञान की सहायता से मनुष्य ने अपने जीवन की सुख सुविधाओं को बढ़ा लिया हैं।

बिजली एक अद्‌भुत शक्ति है जिसके बिना आज हम कुछ भी नहीं कर सकते। बिजली हमारे घर को रोशन करती है। घरेलू यन्त्रों को चलाती है और सर्दी और गर्मी से बचाती है। कारखानों में कई तरह की चीज़ों के उत्पादन के लिए बिजली की शक्ति अनिवार्य है।

खाद्य पदार्थों के उत्पादन के क्षेत्र में विज्ञान का बहुत बडा

हाथ है। ट्रैक्टर आदि यंत्र और खाद हमारे उत्पादन को बढाते है। बढ़ती हुई खाद्य समस्या को भी ये वैज्ञानिक आविष्कार सुलझा देते हैं।

वैज्ञानिक उपकरणों के बल पर मनुष्य ने समय और दूरी पर विजय प्राप्त कर ली है। रेल, बस, हवाई-जहाज आदि के द्वारा सैकडों मील घण्टों तय कर सकता है और टेलिफोन, फोनो विशन आदि से सैकडों मील दूरी पर रहनेवालों से बोल सकता है। बेतार के तार, टेलक्स, आदि के द्वारा दूर देशों को संदेश भेज सकता है।

चिकित्सा के क्षेत्र में भी विज्ञान ने अद्भुत कार्य किये है। जान बचानेवाली कई दवाओं का आविष्कार किया गया है। रोग को पहचानाने में एक्स-रे और स्केनर का उपयोग किया जाता है। वैज्ञानिक आविष्कारों के कारण मृत्यु संख्या कम हो रही है, और जनसंख्या वर्द्धन भी नियन्त्रण में आ रहा है।

परामाणु ऊर्जा एक अत्याधुनिक आविष्कार है जिसने मनुष्य जाति को अपूर्व शक्ति प्रदान की है। अगर उसका उचित रीति से प्रयोग करें तो रचनात्मक कार्यक्रम में आगे बढ सकते हैं और विनाशकारी शक्ति से बच सकते हैं।

विज्ञान कभी - कभी मानवता के लिए हानिकारक बन जाता है। विज्ञान ने सुख सुविधा के इतने साधन सजाये हैं कि मनुष्य विलासी हो गया है। मशीनों ने मानव को बेकार कर दिया है। यही नहीं, मनुष्य आज अपने शारीरिक यन्त्र का प्रयोग करना भूल रहा है। मानव जाति का संहार करने का अस्त्र आज बडे राष्ट्रों के पास है।

संक्षेप में विज्ञान एक ऐसी कच्ची मिट्टी है जिससे हम देवता की मूर्ति भी बना सकते है या शैतान की मूर्ति भी।

19. बेकारी की समस्या

भारत जैसे विकासोन्मुख देशों में कई तरह की समस्यायें होती है। उनमें बेकारी की समस्या बहुत मुख्य है जो देश की प्रगति पर बडा अवरोध पैदा करती है। इसके सामाजिक एवं आर्थिक कई कारण होते हैं।

बेकारी की समस्या का पहला कारण बढ़ती हुई जनसंख्या है। इसके अलावा शंरणार्थियों को शरण देने के कारण भी जनसंख्या बढ़ती है।

भारत कृषि प्रधान देश है। खेती करने केलिए भूमि भी सीमित है और जो बंजर भूमि है उसे कृषि योग्य बनाने के साधन या सुविधाएँ नहीं होती। खेती में लगे मज़दूरों को साल भर खेतों में काम नहीं मिलता। खेती छोडकर उद्योगों में लगना चाहें तो ऐसे उद्योगों का यहाँ अभाव है। नए कुटीर-उद्योग प्रारंभ करना चाहें तो ऐसा भी कर नहीं सकते । क्योंकि इसके लिए पूँजी की आवश्यकता है । इन कारणों से बहुत से ग्रामवासी शहर की ओर आते है। वहाँ की स्थिति इससे भी विकट है।

शहरों में शिक्षित नव युवक श्वेत वसन कार्यो की तलाश में भटकते हैं। यही नहीं जो शिक्षा प्रणाली आजकल प्रचलित है वह दोषपूर्ण है। उसमें पुस्तकीय ज्ञान का स्थान मुख्य होता है और व्यावसायिक शिक्षा का स्थान गौण। इससे शिक्षित व्यक्ति स्वावलम्बी न बन पाते है। लेकिन ये गावँ में डाक्टरी, अध्यापक, ग्रामसुधारक आदि के काम कर सकते हैं। लेकिन वे गाँव जाना पसंद नहीं करते। रूढिग्रस्तता के कारण

सभी लोग सभी तरह के काम करने को तैयार नहीं होते। मत्स्य पालन, चमडा उद्योग आदि करना सनातन धर्मी नहीं चाहते। कम्प्यूटर ऑटोमेटिक मशीन जैसे आविष्कार बेकारी की समस्या को बढ़ाते हैं।

इस समस्या का समाधान जल्दी होना चाहिए। नहीं तो देश में चोरी, डकैती आदि अपराधों की संख्या बढती जाएगी। क्योंकि खाली मन शैतान का कारखाना बन जाता है। यहीं नहीं, शिक्षित कुशल व्यक्ति देश छोडकर विदेश जाएँगे। इससे देश की उन्नति में बाधा पहुँचेगी।

इस समस्या को सुलझाना जटिल एवं गंभीर कार्य है। प्राकृतिक विभिन्नता के कारण अलग-अलग योजनाएँ लागू करनी हैं। परिवार नियोजन, भूमि सुधार, सहकारी कृषि की नवीन पद्धतियाँ, औद्योगिक शिक्षा, कुटीर उद्योगों का विकास, संपत्ति का उचित वितरण आदि इनके कुछ उपाय हैं। उनमें से कई उपायों पर सरकार ने उचित कदम उठाया है तो भी हमारा पूर्ण सहयोग भी होने पर यह समस्या पूर्ण रूप से सुलझ जाएगी।

40. राष्ट्रभाषा हिन्दी

एक देश केलिए एक राष्ट्रीय ध्वज और राष्ट्रीय गीत, गौरव का प्रतीक हैं। इसी प्रकार राष्ट्रभाषा भी राष्ट्र को गौरवान्वित करती है।

रूस, जापान, जर्मनी आदि देशों की अपनी एक राजभाषा है। विशेषतः इग्लैण्ड आदि देशों में अंग्रेज़ी को राजभाषा का स्थान दिया गया है। भारत में पहले, संस्कृत ही, राजा-महाराजाओं

और पंडितों के बीच की भाषा थी। आम जनता के बीच अवधी, खडीबोली हिन्दी, व्रजभाषा आदि भाषाएँ और बोलियां प्रचलित थीं। अंग्रेंजों के शासन काल में धीरे-धीरे अंग्रेजी ने संस्कृत का स्थान ले लिया। स्वतंत्रता प्राप्ति के बाद गणतंत्र राज्य के नेताओं ने महसूस किया कि अपने लिए एक राज भाषा का सेना अनिवार्य है । बहुत विचार-विमर्श के बाद यह तय किया गया कि हिंदी को वह स्थान दिया जाए।

भारत में कई भाषाएँ बोली जाती हैं। उनमें से हिन्दी ही राष्ट्रभाषा चुनी गयी। इसके कारण निम्नलिखित हैं। भारत में बहुसंख्यक लोग हिन्दी ही बोलते हैं। इसके अलावा यह भाषा पढ़ने मे भी आसान है। क्योंकि इसके हर शब्द का उच्चारण इसकी बनावट के अनुकूल है और यह मूल रूप से संस्कृत तथा अन्य क्षेत्रीय भाषाओं के शब्दों से विकसित है।

यद्यपि भारतीय संविधान द्वारा हिन्दी को राष्ट्रभाषा घोषित किया गया तो भी उसे व्यावहारिक रूप से प्रयोग करना आसान नहीं था।

सरकार ने हिन्दी को राजभाषा घोषित कर दिया, उसका प्रचार प्रसार कम हो गया। कुछ सालों के बाद सरकार ने इस दिशा में कदम उठाई। तभी कुछ अहिंदी भाषी लोग महसूस करने लगे कि भारत में इतनी भाषाएँ हैं, उनमें से हिंदी को ही यह स्थान क्यों देना चाहिए? क्यों न अपनी भाषा को यह स्थान मिले? कुछ अवसरवादी राजनीतिज्ञों ने अपना उल्लू सीधा करने केलिए भाषा समस्या को एक साधन बना लिया।

अंग्रेजी भाषा में आस्था रखने वाले कुछ लोगों का वाद यह था कि अंग्रेज़ी के जैसे तकनीकी एवं वैज्ञानिक शब्दों का भण्डार हिंदी में नहीं है। अतः अंग्रेजी ही राज भाषा के रूप में रहे। आज के नागरिक विदेशी भाषा सीखने में जो रुचि दिखाते हैं वह हिंदी सीखने में नहीं हैं। उन्हें यह सोचना चाहिए कि

निज भाषा उन्नति अहै सब उन्नति की मूल।
बिन निज भाषा ज्ञान के मिटे न हिय को शूल।।

हमारा मत है कि हिंदी भाषा को राजकीय भाषा का स्थान मिलता है तो उसे उसके योग्य बनना भी चाहिए। इस केलिए हिंदी के शब्द भण्डार को बढ़ाना चाहिए। अब तो हिंदी भाषा में संस्कृत, अरबी, फारसी आदि भाषाओं के शब्द प्राप्त होते हैं। लेकिन वह काफी नहीं। भारत की दूसरी भाषाओं एवं बोलियों के शब्दों को भी मिला लेना चाहिए ताकि वह हिंदी में घुल-मिल जाए। इसके अलावा वैज्ञानिक एवं तकनीकी कोश तैयार करना चाहिए।

लेकिन कोई भी काम ज़बरदस्ती से नहीं कर सकते। बिना किसी ज़बरदस्ती के धीरे-धीरे प्रचार करते रहें तो यह विरोध भी कम हो जाएगा। साथ ही भारतीयों को अपनी राष्ट्र भाषा के प्रति-प्रेम और श्रद्धा दिलाना आवश्यक है।

हमारी सरकार आजकल हिन्दी प्रचार के लिए बहुत काम कर रही हैं। दक्षिण भारत हिन्दी प्रचार सभा, केन्द्रीय हिन्दी निदेशालय आदि संस्थाओं के द्वारा हिन्दी का प्रचार काफ़ी मात्रा में किया जा रहा है। देश भक्ति को प्रथम स्थान देकर हर भारतीय का कर्तव्य है कि वह हिन्दी भाषा को स्वेच्छा से सीखे और इस भाषा के प्रचार प्रसार के लिए यथा शक्ति प्रयत्न करें।

41. नागरिकों के मूल अधिकार और कर्तव्य

किसी भी देश में प्रजातंत्र शासन-प्रणाली तभी सफल हो सकती है जब उस देश के सब निवासियों में नागरिकता की भावना भली-भांति विद्यमान हो।

मनुष्य एक सामाजिक प्राणी है, समाज में रहने केलिए उसे अनेक नियमों का पालन करना पडता है। समाज द्वारा बनाए गए नियमों का पालन करना मनुष्य का कर्तव्य है और समाज द्वारा प्राप्त होनेवाले लाभ मनुष्य के अधिकार हैं।

प्रत्येक नागरिक के कुछ कर्तव्य और कुछ अधिकार होते हैं। नागरिकों का सबसे बडा कर्तव्य यह है कि वह अपने देश की उन्नति; सुरक्षा व शान्ति केलिए सदा प्रयत्नशील रहे।

समाज में अनेक धर्मानुयायी रहते हैं। अच्छे नागरिक का कर्तव्य है कि वह सबसे प्रेम का व्यवहार करें और सब धर्मों को समान माने।

समाज की स्वच्छता एवं शान्ति को कायम रखने केलिए यथाशक्ति कार्य करना हरेक नागरिक का दायित्व है।

इसके अलावा जीवन के हर क्षेत्र में काम करनेवालों को अनुशासन का पालन करते हुए अपना कर्तव्य निभाना चाहिए। जैसे मज़दूरों का कर्तव्य कारखानों में उत्पादन बढ़ाना है। व्यापारियों का कर्तव्य ईमानदारी से अपना धंधा करके सरकार और जनता दोनों की सहायता करना है। विद्यार्थियों का कर्तव्य ज्ञानार्जन करने में ध्यान देकर देश के उपयोगी नागरिक बनना है!

इन कर्तव्यों का पालन करने से नागरीकों को कुछ अधिकार प्राप्त होते हैं। सबसे पहला अधिकार समता का अधिकार है। भारत का हर नागरिक, चाहे किसी जाति या धर्म का हो, कानून के सामने बराबर है। समता के अधिकार के बाद नागरिकों को स्वतंत्रता का अधिकार प्राप्त है। इसके अनुसार सभी नागरिकों को भाषण देने की, लिखने की, और सभा-संस्थान बनाने की स्वतंत्रता है। लेकिन इस भाषण व लेखन के द्वारा दूसरों के मन को दुख न पहुँचना चाहिए। हर नागरिक को निर्भय और निश्चित होकर जीने का अधिकार है। इसके साथ ही अपनी उन्नति केलिए मनुष्य ने कानून सम्मत उपायों से जो धन कमाया हो या जमा किया हो उस सम्पत्ति को उससे छीना नहीं जा सकता। प्रत्येक नागरिक को वोट देने का समान अधिकार है, जिस से देश के शासन में वह भाग ले सकता है। किसी नागरिक को बिना कारण कैद नहीं किया जा सकता। संविधान में अपना धर्म मानने का, उसपर अमल करने का तथा उसका प्रचार करने का अधिकार दिया गया है। इन मूलाधिकारों की रक्षा का भी प्रबन्ध संविधान में है। इस प्रकार हकों की रक्षा का भी अधिकार नागरिक को प्राप्त है।

संक्षेप में सब नागरिकों के सुख और सुविधा की व्यवस्था करना सरकार का काम है। देश और नागरिक दोनों एक दूसरे के पूरक हैं। यदि देश और नागरिक दोनों अपने कर्तव्यों का पालन ठीक ठीक करते रहें तो देश और समाज निरन्तर उन्नत और समृद्ध होता जाएगा। कर्तव्य के अभाव में अधिकार की कल्पना भी नहीं की जा सकती।

42. परिश्रम ही सफलता की कुँजी है।

जीवन के प्रत्येक क्षेत्र में श्रम का विशेष महत्व है। जो लोग निरन्तर परिश्रम करते रहते हैं वे निश्चित रूप से सफलता पाते हैं। जो श्रम से दूर भागते हैं, वे असफल होते हैं।

संस्कृत में कहा भी गया हैः-

उद्यमेन हि सिध्यन्ति, कार्याणि न मनोरथैः-

न हि सुप्तस्य सिंहस्य, प्रविशन्ति मुखे मृगाः।।

अर्थात् परिश्रम से ही कार्य होते हैं, इच्छा से नहीं। सोते हुए सिंह के मुँह में जानवर स्वयं नहीं आ गिरते। इससे स्पष्ट है कि परिश्रम ही सफलता का मूलमन्त्र और उन्नति की सीढ़ी है। श्रम की पूजा ही ईश्वर की सच्ची पूजा है।

श्रम मुख्य रूप से दो प्रकार का होता है। शारीरिक श्रम तथा मानसिक श्रम। मज़दूर या किसान शारीरिक श्रम करता है तो साहित्यकार या वैज्ञानिक मानसिक और बोद्धिक श्रम करता है।

परिश्रमी व्यक्ति का हृदय पवित्र रहता है। उसके अन्दर आत्म विश्वास और आत्म गौरव के गुण घर कर जाते हैं। उस आत्म विश्वास के बल पर ही कार्यसिद्धि संभव होती है।

परिश्रम से ख्याति प्राप्त लोगों में एकलव्य, ध्रुव, महाराणा प्रताप, राबर्ट ब्रूस, नेपोलियन, एडीसन, आदि का नाम स्मरणीय है।

परिश्रम केवल व्यक्ति के लिए ही नहीं, बल्कि समाज एवं देश की सफलता केलिए भी नितांन्त आवश्यक है।

आज दुनिया का जो विकास हुआ है वह मनुष्य के निरन्तर परिश्रम का फल है। धऱती को उसने बसाया ही नहीं, अनेक प्रकार से सजाया-संवारा भी है और वह चन्द्रलोक तक पहुँच चुका है।

सदियों की गुलामी के बाद भारत जैसे देशों को जो आज़ादी मिली वह भी कई देश प्रेमियों के लगातार परिश्रम का ही फल है।

युद्ध एवं प्राकृतिक कोप से पूर्णरूप से नष्ट होने पर भी जापान ने अपनी श्रमशीलता के बल पर विश्व में प्रमुख स्थान बना लिया है।

यह सब जानकर भी आज की दुनिया में शारिरीक और मानसिक दोनों प्रकार के श्रमों का तिरस्कार हो रहा है। आलसी होते जाने के कारण उसका नैतिक पतन-होता जा रहा है। भले ही उसके पास सुख-सुविधा के सारे साधन हों, किन्तु जीवन में उसे वास्तविक शान्ति नहीं मिल पाती।

तुलसीदास का यह कथन उचित ही है:

सकल पदारथ ये जग माहीं।
कर्महीन नर पावत नहीं।।

43. समय का सदुपयोग

मानव जीवन में यदि धन नष्ट हुआ तो दुबारा परिश्रम करके धनार्जन किया जा सकता है। यदि स्वास्थ्य नष्ट हो गया तो चिकित्सा से तथा संयमित जीवन से स्वास्थ्यलाभ हो सकता है। यदि मान प्रतिष्ठा नष्ट हुई तो फिर से श्रम करके उसे पाया जा सकता है। परन्तु समय एक ऐसी चीज़ है जो एक बार हाथ से निकल जाए तो फिर

कभी इस जीवन में वापस नहीं आ सकता। अंग्रेजी में एक कहावत् है, समय और बाढ़ किसी के लिए नहीं रुकते। जो लोग अपने कर्तव्य के प्रति सजग होते हैं, आलस्य को छोड़कर समय पर अपना काम करते है, वे अपने जीवन में सफल होते हैं। कहा भी गया है, जागा सो पाया, सोया सो खोया। कबीर ने भी कहा है:-

कालि्ह करै सो आज कर, आज करै सो अब।
पल में परलै होइगा, बहुरि करैगो कब।।

अर्थात् जो काम कल करने केलिए है, उसे आज ही कर डालो और आज के काम को अभी कर दो। पता नहीं, कब प्रलय आ जाए और जीवन में उस अच्छे काम को करने का समय ही न मिले।

जीवन की सफलता का रहस्य समय के सदुपयोग में हैं। चाहे अमीर हो चाहे गरीब, विद्वान हो या मूर्ख, मालिक हो या नौकर समय पर सबका समान अधिकार होता है।

समय के सदुपयोग के लिए अपने प्रतिदिन के कार्य का विभाजन कर लेना चाहिए। छात्रों को अपने अध्ययन केलिए निश्चित समय निकाल लेना चाहिए। खेल-कूद, व्यायाम,विश्राम आदि के समय भी निश्चित होना चाहिए। जिस समय जो काम करना चाहिए, उस समय वही काम करें।

समय का सदुपयोग करने से मनुष्य की व्यक्तिगत उन्नति होती है। अतः हम दृढ़ संकल्प करें कि समय का अधिक से अधिक और अच्छे से अच्छा उपयोग करेंगे। इस में स्वयं का, समाज का और देश का कल्याण है।

44. चाय बनाने का मेरा पहला अनुभव

पिछले महीने की घटना है। मेरे माँ-बाप, मेरे ममेरे भाई की शादी पर गये थे। मेरी परीक्षा चल रही थी। इसलिए मैं नहीं गया। मैं घर पर अकेला पढ़ रहा था।

अचानक मेरे चाचाजी आये। मैं ने उनका स्वागत करके बिठाया और प्रणाम किया। कुछ देर तक बातें करता रहा। तब मेरे मन में आया कि उन्हें खाने-पीने के लिए कुछ दूँ। घर पर जो मिठाई और फल थे उन्हें मैं ने उनको दिया। उनके खाते वक्त मैंने सोचा कि उन्हें पीने के लिए चाय बनाऊँ। ऐसा सोचने के पीछे और एक कारण भी था। बहुत दिनों से मेरी इच्छा थी कि खुद चाय बना के देखूँ। इस मौके पर अपनी इच्छा की पूर्ति भी मैं करना चाहता था।

मैं रसोई घर में गया पतीली में चाय की पत्ती, मसाला, दूध और पानी मिलाकर गेस स्टोव पर चढ़ा दिया। फिर लाइटर से स्टोव को जलाया। चाय के उबलने पर उसे एक बर्तन पर छलनी रखकर उस पर उडेला और उस में शक्कर मिलाकर चाचा जी को दिया।

तब तक वे मिठाई और फल खा चुके थे। उन्होंने चाय पी और मेरी प्रशंसा की। तब मैं फूला न समाया कि मेरे इस पहले अनुभव में ही मैं इतना सफल हो गया।

भाग -2
बातचीत

1.किताबों की दूकान में

दूकानदार : नमस्ते । महाशय! बैठिए! आपको क्या चाहिए ?

मोहन : क्या आपके पास कोई सूची पत्र है ?

दूकानदार : हमारा नया सूची पत्र छप रहा है। कहिए, आपको किस बिषय की किताबें चाहिए? चुनकर दूँगा ।

मोहन : मुझे प्रेमचन्द के उपन्यास निर्मला, गबन, और रंगभूमि चाहिए ।

दूकानदार : अच्छा लीजिए । अब और क्या चाहिए ?

मोहन : एक अंग्रेजी -हिन्दी शब्द कोश दिखाइए ।

दूकानदार : देखिए, यह भार्गवास कोश है । इसका दाम रु. 170.00 है। यह मीनाक्षी कोश हैं। इसका दाम रु. 140.00 है । कौन सा दूँ ?

मोहन : क्या आपके पास भार्गवास पाकेट कोश नहीं ?

दूकानदार : क्यों नहीं ? वह भी हमारे पास है । उसका दाम रु. 25.00 ही है।

मोहन : अच्छा मुझे पाकेट कोश ही काफी है ।

दूकानदार : अच्छा । इनके बिल लगाऊँ क्या?

मोहन : ज़रा ठहरिए । मैं भूल गया । आपके पास कोई जेनरल नालड्ज (सामान्य ज्ञान) की किताबें हैं ?

दूकानदार : जी यह देखिए। (थोडी सी किताबें लेकर मेज़ पर रखता है) इनमें से चुन लीजिए।

मोहन : मैं ने दो किताबें चुन ली हैं।

दूकानदार : क्या आप को और कोई किताब चाहिए ?

मोहन : कुछ नहीं । इनका बिल लगाइए।

दूकानदार : (बिल लगाकर) लीजिए।

मोहन : कितना हुआ ? रु. 122.00 । अच्छा यह लीजिए दो सौ रुपये। किताबों का पैकेट बना दीजिए न !

दूकानदार : लीजिए, अभी बनाके देता हूँ । ये रहे बाकी पैसे ।

मोहन : धन्यवाद।

2. अध्यापक और विद्यार्थी के बीच

अजय : नमस्ते मास्टर जी ।

अध्यापक : नमस्ते, नमस्ते, क्या बात है ?

अजय : जी, आपने कल जो व्याकरण पढाया उसमें मुझे कुछ सन्देह हैं। यदि आपको फुरसत हो तो थोडा मुझे समझाने की कृपा करे ।

अध्यापक : अच्छा आओ, बैठो। कौन सा सन्देह है ?

अजय : मुझे 'ने' का प्रयोग समझ में ही नहीं आ रहा है।

अध्यापक : देखो । 'ने' का उपयोग हिन्दी भाषा की अपनी विशेषता है । सकर्मक क्रिया भूत काल में प्रयुक्त हो तो कर्ता के साथ 'ने' प्रत्यय लगता है । जैसे राम ने खाया । मैं ने रोटी खायी ।

अजय : मास्टर जी, यहीं पर मुझे शंका है । रोटी खानेवाले आप हैं तो 'खायी' का प्रयोग क्यों? 'खाया' होना चाहिए न ?

अध्यापक : अभी समझाता हूँ । कर्ता के साथ ने जुडने पर क्रिया कर्म के लिंग और बचन के अनुसार आएगी । जैसे राम ने रोटी खायी । सरला ने रोटी खायी । राम ने रोटियाँ खायीं । सरला ने रोटियाँ खायीं । राम ने एक केला खाया । सरला ने एक केला खाया। राम ने दस केले खाये । सरला ने दस केले खाये ।

अजय : अच्छा मास्टर जी । यह अच्छी तरह मालूम हो गया ।

अध्यापक : अब तुम एक दो उदाहरण बोलो।

अजय : सीता ने पाठ पढा । शेखर ने गाय को पीटी ।

अध्यापक : पहला वाक्य ठीक है । पर दूसरा गलत है । यदि कर्म के साथ 'को' जुडा हुआ हो या कर्म ज्ञात न हो तो क्रिया पुल्लिग एक वचन में रहती है । इसलिए यह वाक्य 'शेखर ने गाय को पीटा' होना चाहिए। इसके अलावा 'ने' के प्रयोग में कुछ अपवाद भी है । जैसे ला, बोल और भूल यद्यपि सकर्मक क्रियायें हैं तो भी भूतकाल में अकर्मक क्रिया के समान मानी जाती है । अर्थात् इन क्रियाओं के आने पर कर्ता के साथ ने नहीं जुडता । जैसे नौकर बाज़ार से तरकारी लाया । नेता सभा में बोले । मैं किताब लाना भूला । क्या तुम्हें अच्छी तरह मालूम हो गया?

अजय : जी हाँ । बहुत अच्छी तरह मालूम हो गया । आपको बहुत धन्यवाद ।

3. कपडे की दूकान में दूकानदार और ग्राहक की बातचीत

दूकानदार : आइये बाबूजी ! बैठिये । आप क्या लेंगे ?

ग्राहक : बेटे के लिए स्कूल यूनिफार्म के कपडे ।

दूकानदार : बताइए, कौन सा रंग है ?

ग्राहक : पैंट के लिए खाकी और शर्ट के लिए सफेद ।

दूकानदार : कैसे कपडे? काट्टन, टेरी काट्टन या पालियस्टर ?

ग्राहक : टेरी काट्टन ही दिखाओ ।

दूकानदार : देखिए, यह बिन्नी का है, यह मफत लाल का । आप कौन सा लेंगे?

ग्राहक : बिन्नी का ही देना। मीटर क्या दाम है?

दूकानदार : खाकी कपडा मीटर चालिस रुपये । और शर्टिंग मीटर तीस रुपये। कितना दूँ?

ग्राहक : पैंट के लिए 1.3 मीटर और शर्ट के लिए 1.2 मीटर ।

दूकानदार : एक सेट काफी है क्या ?

ग्राहक : अभी इतना काफी है ।

दूकानदार : अपने लिए कुछ नहीं लेते ?

ग्राहक : अभी नहीं । जरा जल्दी से बिल लगाओ भाई ।

दूकानदार : अच्छा लीजिए । बिल वहाँ कैशियर के पास चुका दीजिए और कपडे का पैकट वहाँ पहुँच जाएगा।

4. डाक्टर और रोगी के बीच

रमेश : नमस्ते डाक्टर साहब !

डाक्टर : नमस्ते नमस्ते । आओ, बैठो। क्या बात है?

रमेश : दो दिनों से मुझे सिर दर्द है । पढते समय आँखों से पानी निकलता है ।

डाक्टर : ब्लैक बोर्ड के सभी अक्षर दीख पडते हैं क्या ?

रमेश : नहीं जी । ब्लैक वोर्ड के बडे अक्षर ही पढ सकता हूँ । छोटे नहीं । यही नहीं, दूर से आनेवाली बस का नम्बर भी पढ़ नहीं पाता ।

डाक्टर : अच्छा तो तुम्हारी आँखों की परीक्षा करेंगे । उधर बैठ जाओ । नर्स इसकी आँखों में दवा डालो।

नर्स : आँखें खोलिए । अब मूँद लो और रुई रख लो । आँखें न खोलना ।

रमेश : अच्छा जी ।

(थोडी देर बाद)

डाक्टर : रमेश इस कुर्सी पर बैठो । सामने का दर्पन देखो- उस पर लिखे अक्षर पढो।

रमेश : ई,वो,सी,टी
एम, आर, के पी
एस, एस...... इसके बाद कुछ नहीं दीखता ।

डाक्टर : (डाक्टर रमेश की नाक पर फ्रेम लगाते हैं ।और एक एक करके गिलास रखकर दिखाते है) अब कैसे दीखता है ? अच्छा नहीं है ? अब यह देखो (और एक गिलास लगाते है ।)

रमेश : यह थोडा अच्छा है ।

डाक्टर : यह ?

रमेश : यह उससे ज़्यादा अच्छा है।

डाक्टर : अब यह देखो । यह अच्छा है या पहलेवाला ?

रमेश : पहलेवाला ही ठीक है ।

डाक्टर : ठीक है ।

(नुस्खा लिखकर देते हैं)

डाक्टर : देखो रमेश ! कोई दूसरा फ्रेम न पहनना । शेलवाला फ्रेम जो मज़बूत है वही अच्छा है । यह ऐनक तुम्हें हमेशा पहनना है । ऐनक खरीदने के बाद यहाँ आओ । मैं चेक कर के देता हूँ।

रमेश : ज़रूर आऊँगा । धन्यवाद डाक्टर साहब !

भाग -3

मुहावरें और लोकोक्तियाँ

1. आँखों का तारा : - बहुत प्यारा

   कक्षा में प्रथम आनेवाला लडका सबकी आँखों का तारा होताहै।

2. अंधे की लकडी :- एक मात्र सहारा

   अनिल अपनी बूढी-दादी के लिए अंधे की लकडी है ।

3. हाथ बँटाना : - सहायता करना

   अच्छे कामों में हाथ बँटाना हमारा कर्तव्य है ।

4. सिर आँखों पर होना :- सादर मान्य होना

   अध्यापक की हर बात हमारे सिर आँखों पर होनी चाहिए ।

5. कान खोलकर सुनना :- ध्यान से सुनना

   बडों की बातें कान खोलकर सुनो ।

6. दाँत पीसना : - क्रोध करना

   बेटे की प्रोग्रस रिपोर्ट देखकर पिताजी दाँत पीसने लगे ।

7. दाँतों तले उँगली दबाना :- आश्चर्य चकित होना

   ताजमहल को देखकर लोग दाँतों तले उँगली दबाते है।

8. ईद का चाँद होना : - बहुत दिनों के बाद दर्शन होना

   अरे यार! तुम तो मिलते ही नहीं । आज कल तुम ईद का चाँद हो गये ।

9. खून पसीना एक करना :- कठिन परिश्रम करना

   परीक्षा में प्रथम आने केलिए खून पसीना एक करना पडता है।

10. कमर कसना :- काम करने को तैयार होना

स्वदेश की भलाई के लिए कुछ भी करने को कमर कसकर तैयार रहना चाहिए ।

11. गुड गोबर कर देना :- बने बनाये काम को बिगाड़ देना -

कभी कभी हम अपनी जल्दबाजी से सभी काम गुड गोबर कर देते हैं।

12. जान पर खेलना :- प्राणों की परवाह न करके काम करना

राष्ट्र की स्वतन्त्रता के लिए कई राष्ट्रप्रेमी जान पर खेल गये ।

13. पेट में चूहे दौडना :- बहुत भूख लगाना

दोपहर बारह बजते ही मेरे पेट में चूहे दौडने लगते हैं।

14. जले पर नमक छिडकना :- दुखी व्यक्ति को ओर दुखी बनाना

पहले ही वह फेल हो गया है। उसका मज़ाक उडाना जले पर नमक छिडकना है।

15. दाल में कुछ काला होना :- कुछ रहस्य की बात होना

मूर्ख राजू कैसे अव्वल आ गया ? ज़रूर दाल में कुछ काला है।

16. लकीर का फकीर होना :- पुरानी रीतियों का गुलाम होना

सभी बातों में लकीर का फकीर होना अच्छा नहीं ।

17. टाँग अड़ाना :- दखल देना, रोडा अटकाना

तुम अपना काम देखो, मेरे मामले में टाँग अड़ाना ठीक नहीं है।

18. तिल का ताड बनाना :- छोटी -सी बात को बढा चढ़ाकर कहना।

तिल का ताड बनाना अच्छी आदत नहीं है ।

19. नाकों चने चबाना :- बहुत तंग करना

महाराणा प्रताप ने अकबर को खूब नाकों चने चबाये।

20. पानी पानी होना :- बहुत लज्जित होना

जब चोरी पकडी गयी तो शेखर पानी पानी हो गया ।

21. बात का धनी :- वचन का पक्का

हर मनुष्य को बात का धनी होना चाहिए ।

22. मैदान मारना :- जीत जाना

भारत के क्रिकट खिलाडियों ने इस बार मैदान मार लिया ।

23. श्री गणेश करना :- आरम्भ करना

आज से हम परीक्षा की तैयारी का श्री गणेश करेगे ।

24. उँगली पर नचाना :- इशारे पर चलाना

वह तो अपने पति को अपनी उँगली पर नचाती है।

25. नौ दो ग्यारह होना :- भाग जाना

पुलीस को देखते ही चोर नौ दो ग्याराह हो गया ।

लोकोक्तियाँ

1. अधजल गगरी छलकत जाए :- (थोडा ज्ञान या धन रखनेवाला अधिक अभिमान का प्रदर्शन करता है)

रमेश ने शहर में जाकर थोडा सा धन कमा लिया तो अपने को कुबेर समझता है । सच है अधजल गगरी छलकत जाए।

2. ऊँट के मुँह में जीरा :- आवश्यकता से बहुत कम

महेश का परिवार इतना बडा है कि वह जो कमाता है वह ऊँट के मुँह में जीरे के समान है।

3. अन्धी पीसे, कुत्ता खाए ;- मज़दूर कठिन परिश्रम करता है और मालिक इसका फल भोगता है । इसे कहते है अन्धी पीसे कुत्ता खाए ।

4. एक अनार सौ बीमार :- (एक वस्तु के अनेक ग्राहक)

इस स्कूल में एक स्थान रिक्त है लेकिन आवेदन पत्र सैकडों है एक अनार सौ बीमार ।

5. लातों के भूत बातों से नहीं मानते :- दण्ड से ही सभी भय भीत होते हैं।

वह चोर अपना अपराध आसानी से स्वीकार नहीं करेगा। क्योंकि लातों के भूत बातों से नहीं मानते।

6. एक सडी मछली सारे तालाब को गन्दा कर देती है :- एक की बुराई के कारण सबका बदनाम होना ।

दर्जे के एक बुरे लडके के कारण दर्जे के सारे विद्यार्थी गलत रास्ते पर चलने लगते हैं । कहते हैं एक सडी मछली सारे तालाब को गन्दा कर देती है।

7. काला अक्षर भैंस बराबर :- बिलकुल अनपढ़

रामू बिलकुल अनपढ़ है । वास्तव में उसके लिए तो काला अक्षर भैंस बराबर है।

8. नाच न जाने आँगन टेढा :- अनाड़ी दूसरों पर दोषारोपण करता है ।

लाल ने परीक्षा अच्छी तरह नहीं लिखी और फेल हो गया। लेकिन कहने लगा कि जाँच ठीक नहीं । यह तो वही बात हुई कि नाच न जाने आँगन टेढ़ा ।

9. घाट- घाट का पानी पीना :- बहुत अनुभवी होना ।

मैं तुम्हारी चालाकी को भली - भाँति समझता हूँ । मैंने घाट-घाट का पानी पी रखा हैं।

10. मुँह में राम-राम वगल में छुरी:- देखने में सज्जन, हृदय से कपटी

ऐसे लोगों से दूर रहो जिसके मुँह में राम-राम बगल में छुरी।

11. उपदेश कुशल बहुतेरे :- दूसरों को उपदेश देने में सब चतुर होते है ।

आजकल के नेता, लोगों से कहते है कि देश के लिए अपने छोटे- मोटे स्वार्थों का परित्याग कर दो, परन्तु स्वयं देश को सब ओर से खाए जा रहे हैं । उपदेश कुशल बहुतेरे।

12. हाथ कंगन को आरसी क्या :- प्रत्यक्ष के लिए प्रमाण कीं ज़रूरत नहीं

थानेदार साहब ! हाथ कंगन की आरसी क्या ? चुराई हुई वस्तु अभी इसी के हाथ में हैं।

13. खोदा पहाड निकली चुहिया :- अधिक मेहनत करने पर भी कम फल मिलना

सारा दिन काम करने के बाद मज़दूर को मिले दो रुपये । यह हुई -खोदा पहाड़ निकली चुहिया वाली बात।

14. गंगा गए गंगादास, जमुना गए जमुनादास :- अवसरवादी

आज कल के नेता लोग जहाँ लाभ होता है उस दल में जा मिलते है। गंगा गए गंगादास जमुना गए जमुनादास।

15. आगे कुआँ पीछे खाई :- दोनों ओर मुसीबत

अशोक जंगल से जा रहा था तो सामने एक बाघ आया। उससे बचने केलिए पीछे मुडा तो वहाँ एक शेर खडा था। उसकी हालत आगे कुआँ पीछे खाईवाली हो गयी।

16. आ बैल मुझे मार :- विपत्ति को स्वयं बुलाना

क्यों भाई इतना शराब पीते हो? तुम्हें मालूम ही है कि शराब तन्दुरुस्ती के लिए बुरा है। जानबूझकर ऐसा पीना 'आ बैल मुझे मार' कहने जैसा है।

17. ऊँची दूकान फीका पकवान :- दिखावा अधिक और तत्व कम।

कपडों की नई दूकान खोलते हुए विज्ञापन था कि दाम सस्ता है। वहाँ जाने पर ही मालूम हुआ कि कपडे अच्छे नहीं है। ऊँची दूकान फीका पकवान।

18. आँख का अन्धा नाम नैनसुख:-गुणों के विपरीत नाम होना।

उसका नाम सत्यवान है। लेकिन मुँह खोलता है,तो झूठ ही बोलता है। इसी को कहते है आँख का अन्धा नाम नैनसुख।

19. होनहार विरवान के होत चीकने पात :- बडों के लक्षण उनके बचपन में ही दिखाई देने लग जाते हैं।

श्री. सुब्रह्मण्य भारती छोटी सी आयु में कविता लिखने लगे थे। फिर राष्ट्रकवि बने। सच है होनहार विरवान के होत चीकने पात।

20. जैसी करनी वैसी भरनी :- जो जैसा करता है, उसी के अनुसार उसको फल मिलता है ।

मदन परीक्षा के समय बिना पढे गली गली घूमता रहा । अन्त में बोर्ड की परिक्षा में फेल हो गया तो अध्यापक ने कहा जैसी करनी वैसी भरनी।

21. छोटा मुँह बडी बात :- अपनी योग्यता से बढकर बात करना।

मेरा दोस्त दो लकीर खींच कर अपने को राजा रविवर्मा समझता है । मैंने कहा यह तो छोटे मुँह बडी बात है।

22. पाँचों उँगलियाँ समान नहीं होती :- सभी एक जैसे नहीं होते।

रमेश और महेश भाई भाई हैं। रमेश पढ़ाई में अव्वल आता है परन्तु महेश फेल होता जाता है । पाँचों उँगलियाँ समान नहीं होती, यह ठीक ही है।

23. साँच को आँच नहीं :- सच्चाई पर चलनेवाला को डर नहीं

हमेशा सच्चाई के रास्ते पर चलो क्योंकि साँच को आँच नहीं ।

24. बीती ताहि बिसारि दे, आगे की सुधि ले :- बीती बातों को छोडकर भविष्य पर ध्यान दो

सभा में पुरानी बातों को लेकर डींग मारने वालों से हमारी प्रार्थना है कि बीती ताहि बिसारि दे आगे की सुधि ले।

25. बन्दर क्या जाने अदरक का स्वाद :- मूर्ख व्यक्ति गुणों को पहचान नहीं सकता ।

सभा में मुरली वादन हो रहा था । कुछ लोग बीच में उठकर चले गए । बन्दर क्या जाने अदरक का स्वाद।

पत्र लेखन

1. छुट्टी पत्र

प्रेषक

के.वि. सरोजिनी रवी,

15, लाल गली,

टी.नगर,

चेन्नै - 17 25-6-06

सेवा में,

वर्ग अध्यापक,

छठी कक्षा, नेशनल स्कूल,

चेन्नै - 600004

पूज्य अध्यापकजी,

सादर वन्दे । मैं दो दिन से बीमार था । इसलिए मैं स्कूल न आ सका । आपसे विनम्र निवेदन है कि उन दो दिनों (23-6-06 और 24-6-06) की छुट्टी देने को कृपा करे

सधन्यवाद ।

आपका विनित शिष्य

.... क: ख ....

(हस्ताक्षर)

2. निमन्त्रण पत्र

कोयंबत्तूर -3
30-3-06

सेवा में,

पी श्रीधर,

16, टी. हेच,रोड,

मद्रास - 600021

प्रिय श्रीधर,

सप्रेम नमस्ते । बहुत दिनों से तुमसे कोई पत्र नहीं मिला । कुशल तो है न? तुमसे मिलकर बहुत दिन हो गये। इसके लिए एक सुअवसर अब आ रहा है । अगले महीने दसवीं तारीख को मेरा दसवाँ दिन है। मेरे माँ बाप इसे बडे पैमाने पर मनाना चाहते है । इस संदर्भ में तुम भी मेरे साथ रहोगे तो मुझे बहुत खुशी होगी। आशा है कि तुम नवीं तारीख को ही ज़रूर आओगे ।

पत्रोत्तर की प्रतीक्षा में,

तुम्हारा अभिन्न मित्र

के. शेखर

3. बधाई पत्र

चेन्नै -21

दिनांक - 5-4-06

प्रिय शेखर,

सप्रेम नमस्ते! तुम्हारा पत्र मिला। यह जानकर खुशी हुई कि दसवीं तारीख को तुम्हारा जन्मदिन है। तुमने मुझे निमन्त्रित किया है। लेकिन मेरी परीक्षाएँ उसी दिन शुरू हो रही हैं। इसलिए मैं आ नहीं सकता। यद्यपि मैं नहीं आ सकता तो भी मेरा मन वहीं रहेगा। तुम्हारे इस जन्मदिन के अवसर पर मैं तुम्हें बधाई देता हूँ और ईश्वर से प्रार्थना करता हूँ कि वे तुम्हें चिरायु दें। तुम्हारे इस सालगिरह के लिए मैं ने एक छोटी सी भेंट भेजी है।

शेष शुभ है।

तुम्हारा प्यारा मित्र,

श्रीधर

4. पिताजी के नाम पत्र

मदुरै - 9
7-1-06

पूज्य पिताजी,

सादर वन्दे । आपका पत्र मिला । बहुत खुशी हुई कि वहाँ सब लोग कुशल है । मैं भी यहाँ कुशल हूँ । आपको यह जानकर प्रसन्नता होगी कि इस अर्ध वार्षिक परीक्षा में अपनी कक्षा में मुझे दूसरा स्थान मिला है।

हमारे वर्ग अध्यापक ने इस बार विनोद यात्रा में हमें तिरुवनन्तपुरम और कन्याकुमारी ले जाने की योजना बनाई है। यह विनोद यात्रा फरवरी में होगी । मेरे दर्जे के सभी विद्यार्थी जानेवाले हैं। मुझे भी जाने की इच्छा है। कुल खर्च आठ सौ रुपये होंगे । ये रुपये सोलहवी तारीख के अन्दर भरना है । आशा है कि आप अनुमति देंगे और रुपए भी भेजेंगे।

माताजी को प्रणाम । भाई और बहिन को प्यार । अब और कोई खास बात नहीं।

आपका प्रियपुत्र
आर. जान

सेवा में,

श्री रोबर्ट,
17, सेन्ट मेरीस रोड,
पेरम्बूर, चेन्नै - 600 011.

5. पुस्तक विक्रेता के नाम पत्र

ए. अमीर

13,मौलाना स्ट्रीट,

चेन्नै -600002

5 जून , 2004

सेवा में,

प्रबन्धक महोदय,

मनोज प्रकाशन,

18, नई सडक, दिल्ली।

प्रिय महोदय,

मुझे निम्न लिखित पुस्तकों की आवश्यकता है। कृपया उचित कमीशन काट कर वी.पी.पी द्वारा तुरन्त भेजें । सभी पुस्तकें सजिल्द हों और नवनीतम संस्करण की हों ।

क्रम -संख्या	**पुस्तकों का नाम**	**प्रति संख्या**
1.	हिन्दी निबंध तथा रचना	एक
2.	हिन्दी अंग्रेज़ी शब्द कोष	एक
3.	निर्मला	एक
4.	साकेत	एक

सधन्यवाद

आपका

ए. अमीर

6. शुल्क माफ़ कराने के लिए प्रधानाचार्य को प्रार्थना पत्र

सेवा में,

श्रीयुत प्रधानाचार्य,

सेंट जान्स स्कूल ,

तिरुनेलवेली ।

आदरणीय प्रधान अध्यापकजी,

सविनय निवेदन है, मैं एक निम्न मध्य वर्ग परिवार का छात्र हूँ। मेरे पिताजी की मासिक आय केवल छः सौ रुपये हैं। हमारा परिवार भी बडा है। परिवार को संभालना ही बहुत मुश्किल है। इस स्थिति में फीस भरके पढ़ना असंभव मालूम होता है। अतः आप से प्रार्थना है कि कृपया मेरा शुल्क माफ करा दें।

आपको सुविदित है कि पिछले साल अपने दर्जे में मैं पहला आया था। खेल और अन्य कार्य कलापों में भी मैं पीछे नहीं रहा। इसके अलावा मैं इसी स्कूल में पढ़ाई ज़ारी रखना चाहता हूँ। आशा है कि आप ज़रूर अनुकूल निर्णय करेंगे ।

सधन्यवाद।

आपका विनीत शिष्य

एम. राजीव

सातवीं कक्षा अ

7. *गर्मी की छुट्टियों में अपने चचेरे भाई को निमन्त्रित करते हुए पत्र लिखो :-*

मदुरै -5

16-1-06

प्रिय भाई मनोज,

स्नेह । तुम्हारा पत्र मिला। उससे मालूम हुआ कि तुम्हारी छुट्टी मार्च की बीसवीं तारीख से शुरु हो रही हैं। तब मेरी भी छुट्टी हो जाएगी । मेरी इच्छा है कि इस बार की छुट्टी हम दोनों मिलकर बिताएँगे। तुम छुट्टी शुरु होते ही यहाँ पहुँच जाओ।

एक सप्ताह मदुरै में बिताकर हम दोनों कोडैकानल जाएँगे। कोडैकानल में हमारे मामाजी रहते हैं। अतः गर्मी के इन दिनों को कोडैकानल जैसे ठण्डे प्रदेश में बिताना अच्छा रहेगा।

आशा है कि तुम्हें यह योजना अच्छी लगे और तुम ज़रूर आओगे।

चाचाजी और चाचीजी को नमस्कार । रेणु को प्यार।

जवाब की प्रतीक्षा में,

तुम्हारा प्यारा भाई

वी. संपत

सेवा में,

एस. मनोज,

7, हविन रोड, सेलम ।

8. छोटी बहिन के नाम पत्र

अमरावती

दिनांक : 27-2-06

प्रिय बहन,

स्नेह। तुम्हारा पत्र पढकर आनन्द हुआ। मालूम हुआ कि तुम्हारी परीक्षाएँ निकट आ रही हैं। तुम परीक्षा की तैयारी कर रही होगी । मेरी इच्छा है कि तुम इस बार की परीक्षा में प्रथम श्रेणी प्राप्त करो।

प्रातः काल पढने केलिए उचित समय है । अभी से समय सारणी लगाकर पढ़ना आरंभ करो। साथ ही लिखने का भी अभ्यास करो। रोज़ एक घण्टा ज़रूर गणित के सवाल हल करने में लगाओ। माँ, बाप और अध्यापक के मार्गदर्शन पर चलो । तुम्हें अवश्य सफलता मिलेगी । साथ ही स्वास्थ्य पर भी ध्यान रखना । क्योंकि स्वस्थ शरीर में ही स्वस्थ मस्तिष्क बसता है।

इस बार भी यदि तुम प्रथम आओगी तो मैं तुम्हें एक बढिया भेंट दूँगा।

माताजी और पिताजी को नमस्कार । आशा है तुम जरूर प्रथम आओंगी ।

तुम्हारा प्यारा भाई

यु. मदन.

यू. सरला

कनक धारा

आश्रम रोड, कालडी ।

9. विदेशी मित्र के नाम पत्र

चेन्नै

दिनांक : 17 -1-06

प्रिय मित्र,

नमस्ते । तुम्हारे पत्र से मालूम हुआ कि तुम वहाँ कुशल हो । तुमने यह भी लिख़ा था कि वहाँ क्रिसमस और नव वर्ष कैसे मनाये जाते है । यह पढ़कर मुझे ऐसा लगा कि मैं स्वयं उसे देख रहा हूँ।

यहाँ हमने परसों पोंगल का त्योहार मनाया । यह त्योहार तमिलनाडु का अपना त्योहार है। इसका सम्बन्ध सूर्य भगवान से है। साल भर सूर्य भगवान किसानों की मदद करते रहते हैं। इसलिए कृतज्ञ किसान नई फसल काटकर पोंगल के दिन सूर्य भगवान को भेंट चढाते है।

यद्यपि सूर्य की पूजा पोंगल के दिन होती है तो भी यह त्योहार चार दिनों तक मनाया जाता है। पोंगल के पिछले दिन सबेरे घर साफ करके कूडे करकटों को जलाते है। फिर तेल लगाकर नहाते हैं और विशिष्ट भोजन बनाकर खाते है। इस दिन को भोगी कहते है। पोंगल के दिन सबेरे नहाकर नये कपडे पहनते हैं। सूर्य की पूजा में ईख, हल्दी के पौधे, धान और पोंगल मुख्य रूप से सूर्य भगवान को समर्पण किये जाते है। अगले दिन माट्टु पोंगल के नाम से प्रसिद्ध है। उस दिन लोग अपने पालतू जानवर गाय और बैल का आदर करते हैं। चौथे

दिन लोग अपने परिवार के साथ मजे से प्रदर्शनी, सिनेमा, समुद्रतट या चिडिया घर आदि देखने जाते है। यह दिन 'काणुम पोंगल' कहा जाता है ।

मेरे विचार से इस त्योहार का पूर्ण विवरण देना असम्भव है। खुद देखने पर ही पूरा मज़ा आएगा। इसलिए तुम अगली बार पोंगल के अवसर पर भारत आने की योजना बनाओ ।

आशा है तुम अच्छी तरह पढ रहे होगे । और कोई खास बात नहीं।

तुम्हारा प्यारा मित्र

ए. रमेश

सेवा में,

एन. सी. स्टीफन,

44-089, एलबा कोर्ट

पाम डेसर्ट, कलिफोर्निया -92260

10. व्यायाम की ज़रूरत बतलाते हुए अपने छोटे भाई के नाम पत्र

मुम्बई,

दिनांक : 3-3-06

प्यारे भाई,

स्नेह । बहुत दिनों से तुम से पत्र ही नहीं । क्या हुआ ? शायद परीक्षा की तैयारी में लगे होगे। अच्छी बात है। लेकिन इसके साथ ही अपनी तन्दुरुस्ती पर भी ध्यान रखना। पिताजी के पत्र से मालूम पडा कि तुम अक्सर बीमार पडते हो । इससे तुम्हारी पढाई में बाधा होती होगी । अतः स्वास्थ्य सम्बन्धी कुछ बातें तुम्हें लिखना उचित समझता हूँ ।

अंग्रेजी में एक कहावत है कि स्वस्थ शरीर में ही स्वस्थ मस्तिष्क रह सकता है । स्वस्थ शरीर के लिए व्यायाम अनिवार्य है । व्यायाम करने से स्फूर्ति, ताजगी, उत्साह, और शक्ति आती है । व्यायाम करने से शरीर नीरोग भी रहता है, ऐसा हमारे बुजुर्गों का कहना है।

व्यायाम कई प्रकार के होते हैं । जैसे खेल -कूद, दण्ड -बैठक, दौडना, प्रातः भ्रमण, योगासन, तैरना आदि। इनमें से सुविधानुसार किसी एक या दो का चुनाव तुम कर सकते हो।

मेरी सलाह है कि ठीक तरह से व्यायाम करने केलिए तुम किसी योग्य अध्यापक से उचित शिक्षा प्राप्त कर लो ।

जब तुम व्यायाम करने लगोगे तब खुद समझ लोगे कि 'शरीरमाद्यं खलु धर्म साधनम् ।'

आशा है कि तुम जल्दी ही इस दिशा में उचित कदम उठा ओगे और मुझे पत्र लिखोगे।

तुम्हारा प्यारा भाई

एल. रघुनाथ

एल, गुरुनाथ,
8, राजाजी गली,
अरक्कोणंम ।

रूप रेखा के आधार पर कथा रचना

1. झूठ बोलने का नतीजा

एक लडका - जंगल में भेड चराता - गाँव के लोग आसपास के खेतों में - लोगों ने कहा भेडिया आये तो पुकारो - लडके को मज़ाक सूझा - चिल्लाया -भेडिया आया -लोग दौड आये - भेडिया न था -लडका हँस पडा-लोग नाराज -कुछ दिन बाद -लडका फिर चिल्लाया -कुंछ लोग आये -भेडिया न था - लोगों ने पीटा - सचमुच भेडिया आया -लडका फिर चिल्लाया- कोई नहीं आया - लडका भाग गया -भेडिया ने भेडों को मार खाया ।

किसी गाँव में गडरिये का एक लडका रहता था। वह जंगल में भेड चराने जाता था । उसके गाँव के लोग आसपास के खेतों में काम करते थे । उन लोगों ने उससे कहा कि अगर कभी भेडिया आये तो हमें पुकारो।

कुछ दिनों तक वह ऐसे ही भेड चराता रहा। एक दिन अचानक उसे एक मज़ाक सूझा । वह झूठ -मूठ चिल्लाया- "भेडिया आया, भेडिया आया, बचाओ, बचाओ ।" यह सुनकर लोग दौड आये । देखा तो वहाँ भेडिया न था । लोगों को देखकर लड़का हँस पडा । लोग नाराज हुए और लडके को डाँट कर चले ।

कुछ दिन बाद लड़का फिर चिल्लाया । इस बार कुछ लोगों ने अनसुनी कर दी और कुछ लोग दौडकर आए । इस बार भी वहाँ भेडिया न था । लोग बहुत नाराज़ हुए और लड़के को मार पीटकर चले गये। अगले दिन सचमुच भेडिया आया । लड़का घबरा गया । वह ज़ोर ज़ोर से चिल्लाया । लोगों ने सोचा, लड़का झूठ-मूठ चिल्ला रहा है । इसलिए कोई नहीं आया । लड़का भाग गया। भेडिये ने कई भेडों को मार डाला ।

इस कहानी से हमें यह शिक्षा मिलती है कि झूठ बोलने का बड़ा बुरा फल होता है ।

2. एकता ही बल है

एक बूढ़ा किसान - सात लडके - हमेशा आपस में झगडा - पिताजी बहुत दुखी - उसने सोचा - उपाय सूझा - लकडी लाये, एक साथ बांधा - तोडने को कहा - तोड नहीं पाये -गांठ खोला - एक एक लकडी - आसानी से टूटी -पिताजी ने कहा, एकता ही बल है - बेटे मिल जुलकर रहे -पिताजी खुश हुए ।

एक गाँव में एक बूढ़े किसान रहते थे । उनके सात बेटे थे । सातों हमेशा एक दूसरे से लडते थे । पिताजी उन्हें उपदेश देते थे कि बेटे, मिल-जुलकर रहना चाहिए । भाई भाई का एक दूसरे से लडना अच्छा नहीं है । लेकिन बेटे मानने को तैयार नहीं । वे झगडा करते ही रहे । यह देखकर पिताजी को बहुत दुख हुआ । वे सोच में पड गये कि इन बच्चों को कैसे रास्ते पर लायें । सोचते सोचते उन्हें एक अच्छा उपाय सूझ पडा । अगले दिन वे कहीं से सात छोटी छोटी लकडियाँ लाए और उन्हें एक रस्सी से एक साथ बाँधा । जब बेटे बाहर से आये तो किसान ने बेटों से कहा - तुममें से कोई इन लकड़ियों को ज़रा तोड दो । सभी बेटों ने बारी बारी से उसे तोडने का प्रयत्न किया । परन्तु सब बेकार गया । तब किसान ने गाँठ खोलकर हर एक को एक एक लकडी दी । सबों ने आसानी से तोड डाला। तब पिताजी ने बेटों से कहा, जब लकडी एक साथ थीं तो कोई भी उसे तोडन पाये । जब उसे अलग अलग कर दिया तो आसानी से टूट गयी । इसी तरह मनुष्य भी एक साथ रहेगा तो कोई उसे कुछ नहीं कर सकता । आपस में झगडा कर अलग अलग हो जाएँ तो उन्हें हराना आसान काम है ।

अब बेटों को मालूम हो गया कि 'ऐकमत्यं महाबलम् ।' उस दिन से वे मिल-जुलकर रहने लगे । इसे देखकर किसान बहुत खुश हुआ ।

3.बन्दर की चालाकी

दो बिल्लियाँ - जो मिलता बाँटकर खाती - एक दिन रोटी मिली -बाँटने में झगडा हुआ - एक बन्दर आया -बोला में बांट दूँगा -तराजू लाया -रोटी लेकर दो टुकडे किये -तराजू में रखा -एक भारी हुआ - थोडा काटकर खाया -ऐसा खाता गया - बिल्लियाँ बोलीं - हम बांट लेंगे -बन्दर मज़दूरी दो और पूरा खा गया -बिल्लियाँ पछताई ।

किसी जगह पर दो बिल्लियाँ रहती थीं । जो कुछ मिलता था, बाँटकर खाती थीं । एक दिन उन्हें एक रोटी मिली । उसे बाँटते समय दोनों झगडने लगीं । इतने में एक बंदर वहाँ आया । उसने कहा - मैं इसे आधा आधा बाँट दूँगा । बिल्लियों ने मान लिया । बंदर तराजू लाया । रोटी लेकर दो टुकडे किये । उन्हें तराज़ू में रखा । एक टुकडा भारी हुआ तो उससे थोडा काटकर खाया । दूसरा भारी हुआ । उसमें से थोडा काटकर खाया । इस तरह जो टुकडा भारी होता उससे काटकर खाता गया ।

धीरे -धीरे आधी से ज्यादा खा गया तो बिल्लियाँ बोलीं अब हम आपस में बाँट लेंगी । बाकी रोटी हमें दे दो । बंदर बोला-मुझे बाँटने की मज़दूरी दो । यह कहकर वह बाकी रोटी खा गया । बिल्लियाँ पछताईं ।

सच है आपस के झगडे से तीसरे का फायदा होता है।

4. लालची फ़कीर

एक फ़कीर - लालची - किस्मत से भेंट हुई - फकीर ने माँगा, मुझे कुछ दो -किस्मत ने कहा, थैली खोलो - फकीर ने थैली खोली -किस्मत ने अशर्फ़ियाँ दीं - फ़कीर ने कहा, और दो -किस्मत ने कहा, एक भी गिर जाने से सब मिट्‌टी हो जाएगा । फकीर-मेरी थैली मज़बूत है, और दो। किस्मत ने और दी तो थैली- फट गयी - अशर्फियों गिर पडीं -सब मिट्‌टी हो गयी -किस्मत गायब - फ़कीर पछताया ।

किसी गाँव में एक फ़कीर रहता था । वह बडा लालची था। एक दिन किस्मत से उसकी भेंट हुई । फ़कीर ने उससे कहा, मैं गरीबी से तंग हूँ, मुझे कुछ दो । किस्मत ने कहा, अच्छा थैली खोलो। फ़कीर ने थैली खोली । किस्मत ने कुछ अशर्फ़ियाँ दीं। फ़कीर ने कहा - यह काफ़ी नहीं है, कुछ और दो । किस्मत ने जवाब दिया, ज़मीन पर एक भी अशर्फी गिर जाये तो सब अशर्फियाँ मिट्‌टी हो जाएँगी । फ़कीर ने कहा, परवाह नहीं । मेरी थैली मज़बूत है।

किस्मत ने कुछ अशर्फियाँ और दीं। फकीर का लालच तनिक भी कम नहीं हुआ । उसने और अशर्फ़ियाँ माँगीं, किस्मत ने कुछ और अशर्फ़ियाँ दीं । तब फ़कीर की थैली फट गयी । अर्शफियाँ ज़मीन पर गिरीं और सब मिट्‌टी हो गयीं । फ़कीर ने देखा कि किस्मत भी गायब हो गयी । अब फ़कीर बहुत पछताया । अब पछताने से क्या लाभ ?

इससे फ़कीर को मालूम हुआ कि लालच बुरी बला है ।

हिन्दी के काल रूप : एक नोट

वर्तमान काल

वर्तमान काल के तीन भेद हैं : -

1. सामान्य वर्तमान (Present Indefinite)

मैं पढता हूँ । हम पढते हैं ।

I read . we read.

तुम पढते हो । आप पढते है ।

You read. You (respect)read.

वह पढता है। वे पढते हैं ।

He reads They read.

लडकी गाती है । पंडितजी रामायण पढते हैं। हम (स्त्री) रेडियो सुनती हैं ।. अध्यापिका जी, आप कहाँ रहती है ? रोटी कहाँ मिलती है ?

2. अपूर्ण (तात्कालिक) वर्तमान (Present continuous)

मैं पढ रहा हूँ । हम पढ रहे हैं ।

I am reading. We are reading.

तुम पढ रहे हो । आप पढ रहे हैं ।

You are reading You (res) are reading

वह पढ रहा है ।　　　　　　　वे पढ रहे हैं ।

He is reading .　　　　　　They are reading.

भारतीय सेना देश की रक्षा कर रही है । पंडित नेहरू जी भाषण दे रहे हैं। माताजी खाना पका रही है । तुम (स्त्री) क्या कर रही हो ? लडके मैदान में खेल रहे हैं ।

3. **संदिग्ध वर्तमान काल :** (Doubtful Present)

मैं आता हूँगा ।　　　　　　हम आते होंगे ।

I may be coming　　　　　We may be coming

तुम आते होगे।　　　　　　आप आते होंगे।

You may be coming　　　You(res)may be coming

वह आता होगा ।　　　　　　वे आते होंगे ।

He may be coming　　　　They may be coming

नौकर घर में काम करता होगा । पंडितजी आते होंगे । सीता गाती होगी । बच्चा सोता होगा । लड़कियाँ गीत गाती होंगी ।

भविष्यत्काल　(Future Tense)

1. **सामान्य भविष्यत्**

मैं जाऊँगा - बैठूँगा ।　　　　हम आयेंगे - बैठेंगे

I shall come -shall sit　　We shall come -shall sit

तुम आओगे - बैठोगे　　　　आप आयेंगे -बैठेंगे

You will come-will sit　You(res)will come-will sit

वह आएगा - बैठेगा ।　　　　वे आयेंगे -बैठेंगे

They will come -will sit　They will come-will sit

शीला आज यहाँ आएगी । बहन, तुम कब बेंगलूर जाओगी ? मैं कल जाऊँगी । मामाजी कलकत्ते से रसगुल्ला लायेंगे । लडकियाँ गायेंगी और नाचेंगी । नाटक सात बजे शुरू होगा ।

2. संभाव्य भविष्यत्

(Future conditional or Future subjuntive)

मैं आऊँ	हम आएँ ।
I may come	We may come
तुम आओ	आप आएँ
You may come	You (res)may come
वह आए । (आये)	वे आएँ ।
He may come	They may come.

लड़के चुपचाप बैठें । आज नौकर घर न जाए । मैं क्या जानूँ ? भगवान जाने । आप कृपया दूध पिएँ। आओ, हम सब मिलकर गाएँ गीत । अगर तुम जल्दी जाओ तो गाडी मिलेगी ।

भूतकाल (Past Tense)

1. सामान्य भूत (Past Indefinite)

आया - Came	बैठा - Sat
मैं आया - बैठा।	हम आये - बैठे
तुम आये - बैठे।	आप आये - बैठे ।
वह आया - बैठा ।	वे आये - बैठे ।

सीता कल आयी । वह आम लायी ।

लडके बेंच पर बैठे । लडकियाँ भी बेंच पर बैठीं ।

उपवन में हवा चली ।

2. **आसन्न भूत** (Present perfect)

मैं आया हूँ । हम आये हैं।

I have come. We have come

तुम आये हो । आप आये है ।

You have come. You (res) have come

वह आया है । वे आये हैं।

He has come They have come.

पिताजी मद्रास से आये हैं । वे मिठाई लाये हैं । माताजी भी आयी हैं । लीला कहाँ गयी हैं ? वह बाज़ार गयी है । नौकरानी तरकारी लायी है । क्या तुम (स्त्री) काश्मीर गयी हो ?

3. **पूर्णभूत** (Past Perfect)

मैं आया था । हम आये थे ।

I had come We had come

तुम आये थे । आप आये थे ।

You had come You (res) had come

वह आया था । वे आये थे ।

He had come They had come

मामाजी कलकत्ते से आये थे । उनके साथ मेरी मामी भी आयी थीं । हम सब कल सिनेमा गये थे । प्रधान अध्यापिका सभा में बोली थीं। उमा पिताजी के साथ बंबई गयी थी ।

4, संदिग्ध भूत (Doubtful past)

मैं आया हूँगा ।	हम आये होंगे ।
I might have come	We might have come
तुम आये होगे ।	आप आये होगे ।
You might have come	You(res)might have come
वह आया होगा ।	वे आये होंगे ।
He might have come	They might have come

लडका झूठ बोला होगा । नौकरानी चाय लायी होगी लडकियाँ स्कूल गयी होंगी । तुम (स्त्री) अच्छी तरह सोयी होगी पंडितजी मंदिर गये होंगे ।

5. अपूर्ण भूत (Past Imperfect)

मैं आता था ।	हम आते थे ।
I was coming	We were coming
(I used to come)	(We used to come)
तुम आते थे ।	आप आते थे ।
You were coming	You (res) were coming
(you used to come)	(you (Res) used to come)
वह आता था ।	वे आते थे ।
He was coming	They were coming
(He used to come)	(They used to come)

हम जब दिल्ली में थे, रोटी खाते थे । सरला पहले हिन्दी गीत गाती थी । आप (स्त्री) बंबई में कहाँ रहती थीं ? मैं दादर में रहती थीं। लडकियाँ बाग में खेलती थीं । तुम कहानी सुनती थीं ।

6. **हेतुहेतुमद् भूत** (Conditional past).

मैं आता ।	हम आते ।
Had I come	Had we come
तुम आते ।	आप आते ।
Had you come	Had you(res)come
वह आता ।	वे आते ।
Had he come	Had they come

तुम मेरे घर आते तो मैं पुस्तक देता । कल पानी नहीं बरसता तो मैं ज़रूर आता । सीता पढ़ती तो पास होती । आज नेताजी हमारे बीच में होते तो कितना अच्छा होता। लडकियाँ ठंडे पानी में नहातीं तो बीमार हो जातीं ।

'ने' का प्रयोग (Use of ने)

1. सकर्मक क्रिया जब भूतकाल में प्रयुक्त होती है, तब कर्ता के साथ ने लगता है ।

(When transitive verb is used in past tense, ने is added to the subject of the sentence.)

राम ने आम खाया ।

'खाया' सकर्मक क्रिया है और भूतकाल में है । इसलिए कर्ता के साथ 'ने' लगा ।

2. जब कर्ता के साथ ने लगता है, क्रिया का रूप कर्म के अनुसार बदलता है । (When ने is added to the subject, the predicate follows the object. It agrees with the object in gender and number.)

मोहन ने रोटी खायी । (Feminine)

सीता ने चार आम खाये । (Masculine Plural)

जोसफ ने चिट्ठी लिखी । (fem)

लडकी ने पाठ पढा । (mas)

हमने कहानी सुनी । (fem)

3.जब वाक्य में कर्म नहीं दिया गया है, अथवा कर्म अज्ञात या अस्पष्ट हो, अथवा कर्म के साथ 'को' प्रत्यय लगा रहता है, तब क्रिया पुल्लिंग एकवचन में रहती है । (The predicate remains in masculine singular, when the object is understood or when को is added to the object.)

तुमने क्या खाया?

हम ने कहा । (object implied)

मैं ने बिल्ली को देखा (को added to the object)

4.ला, बोल, भूल –ये तीनों 'ने' नियम के अपवाद है ।

ला -bring बोल –speak and भूल –forget - are the exceptions to this ने rule

मामाजी खिलौना लाये ।

नेहरूजी पार्लमेंट में बोले ।

मैं वह बात भूला ।

अभ्यास

निम्न लिखित वाक्यों के क्रिया -रूपों को सूचनानुसार बदलकर लिखिए :-

1.तू अब काम कर । ('तू' के स्थान पर 'तुम' और 'आप' का प्रयोग कीजिए ।)

तुम अब काम करो ।

आप अब काम कीजिए ।

2. तुम दूध पिओ । (आप का प्रयोग)

आप दूध पीजिए ।

3. लड़का गाता है । (लड़कियाँ का प्रयोग)

लड़कियाँ गाती हैं ।

4. वह लडका काम करता है । (बहुवचन)

वे लड़के काम करते हैं ।

5. वह बडा घोडा दौडता है । (घोडे शब्द का प्रयोग करें)

वे बडे घोडे दौडते हैं ।

6. गोपाल रोटी खाता है । (तात्कालिक वर्तमान का प्रयोग करें

गोपाल रोटी खा रहा है ।

7. वे आजकल कवितायें भी लिखते हैं । ('स्त्रीलिगं' में 'तात्कालिक वर्तमान' का प्रयोग करें)

वे आजकल कवितायें भी लिख रही हैं ।

8. वे काम कर रहे हैं । ('संदिग्ध वर्तमान' का प्रयोग करें ।)

वे काम करते होंगे ।

9. मैं काम करती हूँ । (संदिग्ध वर्तमान का प्रयोग करें।)

मैं काम करती हूँगी ।

10. वह लडकी गाती है । (भविष्यत् काल में बदलें ।)

वह लडकी गाएगी ।

11. वे औरतें सो रही है । (भविष्यत काल में बदलें)

वे औरतें सोयेंगी ।

12. वे लड़कियाँ गाती हैं ।(संभाव्य भविष्यत् का प्रयोग करें)

वे लड़कियाँ गाएँ ।

13. मैं हिन्दी में बोलता हूँ।(संभाव्य भविष्यत् का प्रयोग करें)

मैं हिन्दी में बोलूँ ।

14. अध्यापक नौ बजे आते हैं।(सामान्य भूत का प्रयोग करें)

अध्यापक नौ बजे आये ।

15. लड़के अंग्रेज़ी में बोलेंगे। (सामान्य भूत का प्रयोग करें)

लड़के अंग्रेज़ों में बोले ।

16. सीता चार फल खाती है। (सामान्य भूत का प्रयोग करें)

सीता ने चार फल खाये ।

17. वे लड़कियाँ पाठ पढेंगी । (आसन्न भूत का प्रयोग करें)

उन लड़कियों ने पाठ पढा है ।

18. राम उसको पुस्तक देगा। (आसन्न भूत का प्रयोग करें)

राम ने उसको पुसत्क दी है।

19. मैं दो फल खाऊँगा । (पूर्णभूत का प्रयोग करें)

मैं ने दो फल खाये थे ।

20. वह क्या करेगा ? (संदिग्ध भूत का प्रयोग करें)

उसने क्या किया होगा ?

हेतुहेतुमद् काल का प्रयोग करके निम्न लिखित वाक्यों को जोडिए।

1. वह नहीं आया । इसलिए मैं नहीं गया ।

वह आता तो मैं जाता ।

2. वह साडी पसंद नहीं आयी । इसलिए मैं ने नहीं खरीदी।

वह साडी पसंद आती तो मैं (स्त्री) उसे खरीदती ।

3. तुमने पहले नहीं कहा । इसलिए मैं ने वह काम नहीं किया ।

तुम पहले कहते तो मैं वह काम करता ।

4. वह चाय बहुत गरम थी । इसलिए मैं ने नहीं पी ।

वह चाय बहुत गरम न होती तो मैं पीता ।

5. उसने चिट्ठी नहीं लिखी । इसलिए मैं नहीं आता ।

वह चिट्ठी लिखता तो मैं आता ।

क्रियार्थक संज्ञा के प्रयोग से वाक्य जोडिए।

नमूना : वह जाता है । यह अच्छा है ।

उसका जाना अच्छा है ।

1. वह रोज़ सबेरे काफ़ी पीता है । यह अच्छा नहीं ।

उसका रोज़ सबेरे काफ़ी पीना अच्छा नहीं है ।

2. मैं दिल्ली जाऊँगा । वह ज़रूरी होगा ।

मेरा दिल्ली जाना जरूरी होगा ।

3. आप लोग वहाँ बैठे थे । वह आवश्यक था ।

आप लोगों का वहाँ बैठना आवश्यक था ।

4. वह उपदेश देता है। यह बहुत उपयोगी है ।

उसका उपदेश देना बहुत उपयोगी है ।

5. वह परिश्रम करता है । इससे लाभ है ।

उसके परिश्रम करने से लाभ है ।

उचित कृदन्त रूपों का प्रयोग करके वाक्यों को जोडिए।

1. वह दौड रहा था । उसको मैंने देखा ।

मैं ने उसको दौडते हुए देखा ।

2. वह गा रही थी । मैं ने सुना ।

मैं ने उसको गाते हुएं सुना ।

3. साँप मरा हुआ है । उसको क्यों पीटा ?

मरे हुए साँप को क्यों पीटा?

4. वह लडका रोता है । वह आता है ।

वह लडका रोते हुए आता है ।

5. उसने कहानी सुनी । वह चला गया ।

वह कहानी सुनकर चलां गया ।

6. तुम किताब लो । तुम पढो ।

तुम किताब लेकर पढो ।

7. वह आया है । अब पाँच दिन हुए ।

उसके आये पाँच दिन हुए ।

8. हाथ मुँह घोओ । खाना खाओ ।

हाथ मुँह घोकर खाना खाओ ।

9. वह चलता रहा । वह थक गया ।

वह चलते चलते थक गया ।

10. वह आएगा । तुरन्त मैं जाऊँगा ।

उसके आते ही मैं जाऊँगा ।

अपना का प्रयोग

'आप' शब्द के दो अर्थ है :-

i) You (Respect) ii) Oneself

पंडितजी ! आप अन्दर आइए । (you)

लडका आप बोल रहा है । (himself स्वयं)

सीता कपडे आप सी रही है । (herself स्वयं)

संबन्ध कारक 'का' लगने पर आप (स्वयं) अपना बन जाता है । यह 'अपना' तीनों पुरुषों में (I. Person ; II person and III person) प्रयुक्त होता है ।

मैं अपना काम करता हूँ । I do my work

तुम अपना काम कर रहे हो । you are doing your work.

वह अपना काम करता है । He does his work

मैं मेरा काम करता हूँ। - यह वाक्य अशुद्ध है । शुद्ध वाक्य होगा -मैं अपना काम करता हूँ । अपना प्रयोग के विषय में ध्यान देने की बात यह है कि कर्ता के साथ उसका संबन्ध कारक रूप एक ही वाक्य में नहीं आता । ऐसे स्थानों पर 'अपना' प्रयुक्त होता है ।

इन वाक्यों को पढिए और समझिए :-

i) नौकर अपना काम करता है ।

ii) हमें अपने देश की सेवा करनी चाहिए ।

iii) तुम अपने घर चलो और मैं अपने घर जाऊँगा ।

iv) लडके अपनी अपनी किताबें लेकर स्कूल जाते हैं ।

v) अपना काम खुद करो ।

सहायक क्रियायें (Auxiliary Verbs)

सक , चुक , दे, लग , चाह –ये कुछ सहायक क्रियायें (auxiliary verbs) है । ये क्रियायें प्रधान क्रियाओं के साथ विशेष अर्थों में प्रयुक्त होती हैं ।

1.सक (Can)

जानकी हिन्दी गीत गा सकती है ।

Janaki can sing Hindi songs.

मैं दो मील चल सकता हूँ ।

I can walk two miles.

'सक' के प्रयोग में कर्ता के साथ 'को' नहीं लगता और प्रधान क्रिया धातुरूप में (verb root)रहती है ।

2. **चुक** – finish

मैं पुस्तक पढ चुका ।

I finished reading the book.

नौकर यह काम कल कर चुकेगा ।

The servent will be finishing this work tomorrow

लडकी खा चुकी ।

The girl finished eating.

'चुक' के प्रयोग में भी प्रधान क्रिया घातु रूप में रहती है । 'सक' और 'चुक' के भूतकालिक प्रयोग में प्रधान -क्रिया सकर्मक होने पर भी ने नहीं लगता ।

(i) नौकर ने काम किया ।

(ii) नौकर काम कर सका ।

(iii) नौकर काम कर चुका ।

वाक्य (ii) और (iii)में सक और चुक का प्रयोग है। प्रधान क्रिया सकर्मक हैं और भूतकाल में है ।

फिर भी कर्ता के साथ 'ने' नहीं लगा ।

3. **दे** –let, allow.

नौकर को घर जाने दो ।

Allow the servent to go home.

बच्चा मुझे पढने नहीं देता ।

The child does not allow me to read.

मुझे सोने दो ।

Let me sleep

'दे' के प्रयोग में प्रधान क्रिया का रूप 'सोने पढने, लिखने' ऐसा रहता है ।

4. **लग** –begin

नौकर काम करने लगा ।

The servent began to work.

सुनो, लीला पढने लगती है ।

Hear, Leela begins to read.

'लग' के प्रयोग में भी प्रधान किया 'करने, लिखने, पढने' ऐसा रहता है ।

5. **चाह** - Want, like, wish

'चाह' का प्रयोग प्रधान क्रिया के रूप में होता है ।

जानकी, तुम क्या चाहती हो ।

मैं एक साडी चाहती हूँ ।

अब सहायक क्रिया के रूप में चाह का प्रयोग देखिए :-

मैं हिन्दी पढना चाहता हूँ ।

I want to learn Hindi

अध्यापकजी 'बोलना' चाहते हैं ।

The teacher wants to speak.

'चाह' का प्रयोग करते समय प्रधान क्रिया के साथ 'ना' लगता है । सकर्मक भूतकाल में कर्ता के साथ ने लगने पर कर्म के अनुसार क्रिया बदलती है ।

राम ने रोटी खानी चाही ।

सीता ने चार आम खाने चाहे ।

चाहिए, हो, पड

चाहिए -Need, require

हमको पढ़ना चाहिए ।

We should read.

लडकपन में खूब खाना चाहिए.

In the boyhood. one should eat well.

मुझे कुछ नहीं चाहिए ।

Nothing is required to me. (I need nothing)

सिपाहियों को गरम कपडे चाहिए ।

Warm clothes are needed to the soldiers.

'चाहिए' का प्रयोग करते समय कर्ता के साथ 'को' लगता है । क्रिया का रूप, जाना , पढना, खाना रहती है । कर्म के लिंग वचनों के अनुसार क्रिया बदलती भी है ।

हम को हिन्दी पढनी चाहिए ।

सब को देश की सेवा करनी चाहिए ।

रोज़ दो फल खाने चाहिए ।

हो –has to, have to

मुझे यह काम आज करना है ।

I have to do this work today.

मामाजी को मद्रास जाना होगा।

Uncle will have to go to Madras

'हो' के प्रयोग में कर्ता के साथ 'को' लगता है और क्रिया कर्म के लिंग वचनों के अनुसार बदलती है ।

कालेज की फीस आज़ देनी होगी ।

हम को सब विषय पढने होगे ।

पड –Compulsion

बस के लिए 80 पैसे देने पडते है ।

We have to (are compelled to) pay 80 paise as bus charge.

मुझे वहाँ जाना पडा ।

I had to (was complled to) go there

'पड' के प्रयोग में भी कर्ता के साथ 'को' लगता है ।

जो, जब, जहाँ, जितना ,जिससे, जैसा, ज्यों ज्यों, ज्योंही, यदि

1. **जो** -Who, which (Relative form)

जो सज्जन सभा मे बोल रहे है, वे मेरे मामाजी है ।

The gentleman who is speaking in the meeting is my uncle.

ईश्वर उनकी सहायता करता है जो अपनी सहायता स्वयं करते है ।

God helps those who help themselves.

जो अच्छा काम करता है, वही वास्तव में बडा है ।

He is really great who does good deeds

2. <u>जब .... तब</u> When ......

जब मैं तुम्हारे घर आया, तब तुम बाहर गये थे ।

When I came to your house, you had been gone out.

3. <u>जहाँ .....वहाँ....</u> Where .....

जहाँ चाह है, वहाँ राह है ।

Where there is a will, there is a way.

गरमी में हम ऊटी में रहते हैं जहाँ हमारा एक बंगला है ।

In summer we stay at ooty, where we are having a bunglow.

4. <u>जितना ...उतना</u> as much

जितना तुम जानते हो, उतना मैं नहीं जानता ।

I do not know so much as you know.

हाथी जितना मोटा है, उतना ऊँट नहीं ।

A camel is not so bulky as an elephant.

5. <u>जिससे (ताकि)</u> So that, by which

तुम खूब पढो, जिससे परीक्षा में पास हो जाओ ।

Study well, so that you may pass the examination.

जल्दी चलो, ताकि गाडी मिले ।

Go fast, so that (you may) get the train

6. **जैसा .....वैसा** As ...so (such)

जैसा तुम बोओगे, वैसा काटोगे ।

As you sow, so you reap.

श्रीमती लता मंगेशकर जैसा मीठा गाती है, वैसा कोई नहीं गा सकता ।

Nobody can sing as sweet as Latha Mangeshkar.

7. **ज्यों ज्यों ...... त्यों त्यों** The more ....the more

ज्यों ज्यों तुम अच्छी किताबें पढ़ोगे, त्यों त्यों बुद्धिमान बनोगे ।

The more you read good books, the wiser you grow.

8. **ज्यों ही –त्यों ही** As soon as .....(No sooner)

ज्यों ही वक्ता भाषण दे चुके, त्योंही सभासद ताली बजाने लगे ।

As soon as the speaker finished his speech the members began to clap their hands.

9. **यदि (अगर) ....तो** If

अगर तुम बलवान बनना चाहो तो रोज़ कसरत करो।

If you want to become strong do excercises daily.

10. कि that, or

अध्यापक कहते हैं कि कल छुट्टी होगी ।

The teacher tells that tomorrow will be a holiday.

तुमको काफी पसन्द है कि चाय ?

Do you like coffee or tea ?

तुम वहाँ जाओगे कि नहीं ?

will you go there or not ?

प्रेरणार्थक क्रिया

अध्यापक विद्यार्थी से कविता पढवाते हैं ।

इस वाक्य से सूचित होता है कि अध्यापक स्वयं कविता नहीं पढ़ते, विद्यार्थी को पढने की प्रेरणा देते हैं । इस तरह इस वाक्य में अध्यापक प्रेरक कर्ता है, विद्यार्थी प्रेरित कर्ता । (Agent)प्रेरित कर्ता के साथ 'से' प्रत्यय जुडा रहता है ।

अकर्मक और सकर्मक क्रियाओं से प्रेरणार्थक क्रियायें बनती हैं। अकर्मक क्रियायें सकर्मक बनकर फिर प्रेरणार्थक बनती है ।

अक ०.	सक ०.	प्रेरणा ०.
चलना	चलाना	चलवाना
उठना	उठाना	उठवाना
बैठना	बिठाना	बिठवाना

लेटना	लिटाना	लिटवाना
खेलना	खिलाना	खिलवाना
डूबना	डुबाना, डुबोना	डुबवाना
भीगना	भिगाना, भिगोना	भिगवाना
टूटना	तोडना	तुडवाना
फटना	फाड़ना	फड़वाना
सोना	सुलाना	सुलवाना

सकर्मक क्रियायें द्विकर्मक बनकर फिर प्रेरणार्थक बनती हैं ।

सक 0.	द्विक 0	प्रेरणा 0.
पढना	पढाना	पढवाना
बोलना	बुलाना	बुलवाना
खाना	खिलाना	खिलवाना
लिखना	लिखाना	लिखवाना
देना	दिलाना	दिलवाना
लेना	लिवाना	लिलवाना

प्रेरणार्थक रूप लिखिए :-

कटना	काटना	कटवाना
मरना	मारना	मरवाना
बिकना	बेचना	बिकवाना
रोना	रुलाना	रुलवाना
बँटना	बाँटना	बँटवाना

घुलना	घोलना	घुलवाना
भूलना	भुलाना	भुलवाना
छोडना	छुडाना	छुडवाना
सीना	सिलाना	सिलवाना

लिंग बदलिए

1. आ becomes ई

पुल्लिंग	स्त्रीलिंग
बच्चा	बच्ची
बेटा	बेटी
पोता	पोती
बूढा	बूढी
साला	साली
मामा	मामी
चाचा	चाची
दादा	दादी
नाना	नानी
बकरा	बकरी
घोडा	घोडी

2. अ & आ become ई or इया

पुल्लिंग	स्त्रीलिंग
देव	देवी
दास	दासी
पुत्र	पुत्री
हरिण	हरिणी
बुड्ढा	बुढिया
लोटा	लुटिया
डिब्बा	डिबिया
चूहा	चुहिया
बंदर	बंदरिया
कुत्ता	कुतिया

(3) Professioners इन

सुनार	सुनारिन
लुहार	लुहारिन
धोबी	धोबिन
तेली	तेलिन
जुलाहा	जुलाहिन
नाई	नाइन
ग्वाला	ग्वालिन
मालिक	मालकिन
माली	मालिन

4. Castes & Relations आनी

पुल्लिंग	स्त्रीलिंग
क्षत्रिय	क्षत्राणी
सेठ	सेठानी
मेहतर	मेहतरानी
नौकर	नौकरानी
देवर	देवरानी
जेठ	जेठानी

5. Animals & Birds नी

पुल्लिंग	स्त्रीलिंग
ऊँट	ऊँटनी
मोर	मोरनी
बाघ	बाघिनी
हाथी	हथिनी
सियार	सियारनी
शेर	शेरनी

6. Tittle, class or Rank आइन

पुल्लिंग	स्त्रीलिंग	पुल्लिंग	स्त्रीलिंग
बाबू	बाबुआईन	ठाकुर	ठकुराइन
पण्डा	पण्डाइन	लाला	ललाइन
पंण्डित	पण्डिताइन	चौधरी	चौधराइन

7. Sanskrit words

पुल्लिंग	स्त्रीलिंग	पुल्लिंग	स्त्रीलिंग
कवि	कवयित्री	विद्वान	विदुषी
मानी	मानिनी	श्रीमान	श्रीमती
कुमार	कुमारी	पिता	माता
सुन्दर	सुन्दरी	शिव	शिवानी
ब्राह्मण	ब्राह्मणी	भव	भवानी
लेखक	लेखिका	इन्द्र	इन्द्राणी
सेवक	सेविका		

पुल्लिंग	स्त्रीलिंग	विधुर	विधवा
राजा	रानी	आचार्य	आचार्या
प्रिय	प्रिया	बालक	बालिका
वर	वधू	गायक	गायिका
युवक	युवती	नायक	नायिका
सुत	सुता	तरुण	तरुणी
स्वामी	स्वामिनी	नट	नटी
शिष्य	शिष्या	अध्यापक	अध्यापिका
सम्राट्	सम्राज्ञी	विद्यार्थी	विद्यार्थिनी

8. Arabic, Urdu & English words

पुल्लिंग	स्त्रीलिंग	पुल्लिंग	स्त्रीलिंग
मियां	बीबी	ताऊ	ताई
बादशाह	बेगम	भाई	भाभी
बाप	माँ		(brothers wife)
शाहजादा	शाहजादी	बहनोई	बहन
मर्द	औरत	बिलाव	बिल्ली
साहब	मेम साहब	भाई	बहन (Sister)
साँप	साँपिन	भतीजा	भतीजी
		भानजा	भानजी
		बैल	गाय

(9)Some other words

पुल्लिंग	स्त्रीलिंग
ससुर	सास
भैंसा	भैंस
भेड़ा	भेड़

वचन बदलिए

(A) Masculine Nouns.

(1) आ कारान्त पुल्लिंग शब्द बहुवचन में एकारान्त बनते हैं । उदाहरण –

एकवचन	बहुवचन	एकवचन	बहुवचन
कपड़ा	कपड़े	लड़का	लड़के
चरखा	चरखे	कमरा	कमरे
घोड़ा	घोड़े	बेटा	बेटे
गधा	गधे	बच्चा	बच्चे
घड़ा	घड़े	डिब्बा	डिब्बे
लोटा	लोटे	केला	केले
भानजा	भानजे		

अपवाद (Exception)

मामा, नाना, चाचा, बाबा, मुखिया, लाला, काका, देवता, दादा –इन शब्दों के बहुवचन रूप एकारान्त, नहीं होते ।

(2) अकारान्त को छोडकर अकारान्त इकारान्त. ईकारान्त, ऊकारान्त आदि पुल्लिंग शब्द बहुवचन में नहीं बदलते । इनके एकवचन और बहुवचन रूप एक ही होते है ।

एकवचन	बहुवचन	एकवचन	बहुवचन
घर	घर	एक पेड़	दो पेड़
बालक	बालक	मीठा फल	मीठे फल
कवि	तीन कवि	मुनि	अनेक मुनि
भाई	चार भाई	हाथी	दो हाथी
आदमी	सौ आदमी	डाकू	पाँच डाकू
चौबे	दो चौबे	जौ	बहुत जौ

नोट :- बहुवचन रूपों के साथ को, से, में, पर आदि प्रत्यय लगने पर शब्दों के अन्त में 'ओं' लगता है ।

उदाहरण : -

1.जंगल में बहुत पेड़ है । दो पेड़ों को काटो ।

2.वहाँ चार लड़के हैं। तीन लड़कों को बुलाओ ।

3. जंगल में बड़े बड़े हाथी हैं । मैसूर में हाथियों को पकड़ते हैं ।

उपर्युक्त वाक्यों में विभक्ति -रहित और विभक्ति -सहित बहुवचन शब्द दिये गये है ।

(B) Feminine Noun

1.अकारान्त स्त्रीलिंग शब्द के अन्त में ए (े) लगाते है।

एकवचन	बहुवचन	एकवचन	बहुवचन
रात	रातें	बहिन	बहिनें

बात	बातें	सड़क	सड़कें
आँख	आँखें	किताब	किताबें

2. आकारान्त स्त्रीलिंग शब्दों के अन्त में एँ या यें जोड़ते है।

लता	लतायें	माता	माताएँ
कथा	कथायें	कन्या	कन्यायें
महिला	महिलाएँ	सूचना	सूचनाएँ
कामना	कामनाएँ	सेविका	सेविकायें
लेखिका	लेखिकायें	भावना	भावनायें

3. इकारान्त स्त्रीलिंग शब्दों के अन्त में 'याँ' जोड़ते है ।

ईकारान्त शब्दों का इकारान्त बनाकर 'याँ' जोड़ते है ।

तिथि	तिथियाँ	रीति	रीतियाँ
विधि	विधियाँ	नीति	नीतियाँ
नदी	नदियाँ	नारी	नारियाँ
रानी	रानियाँ	देवी	देवियाँ
टोपी	टोपियाँ	सखी	सखियाँ

4. उकारान्त, ऊकारान्त और औकारान्त स्त्रीलिंग शब्दों के साथ एँ जोड़ते है । दीर्घ 'ऊ' ह्रस्व बनता है ।

वस्तु	वस्तुएँ	धेनु	धेनुएँ
बहू	बहुएँ	गौ	गौएँ
ऋतु	ऋतुएँ	वधु	वधुएँ

5. 'या' में अन्त होनेवाले स्त्रीलिंग शब्दों के ऊपर चन्द्र-बिन्दु (ँ) लगाते है ।

चिडिया	चिडियाँ	डिबिया	डिबियाँ

गुडिया	गुड़ियाँ	लठिया	लठियाँ
कुण्डलिया	कुण्डलियाँ		

नोट :- स्त्रीलिंग बहुवचन शब्दों के साथ भी 'को, से, ने , में , पर, का' आदि प्रत्यय लगने पर शब्दों के अन्त में 'ओं' लगता है ।

1. यह लड़कियों का स्कूल है । यहाँ लड़कियाँ पढ़ती हैं ।
2. किताबों में पाठ है । हम किताबें पढते हैं ।
3. आजकल चीज़ों का दाम बढ़ गया है । अच्छी चीज़ें भी नहीं मिलतीं ।

ऊपर के उदाहरणों में विभक्ति -रहित और विभक्ति -सहित स्त्रीलिंग बहुवचन शब्द दिए गए हैं ।

अभ्यास

(M-----Masculine F-----Feminine)

एक .	बहु.	एक.	बहु.
अंडा (M)	अंडे	फूल	फूल
बछड़ा	बछड़े	दाँत	दाँत
कुत्ता	कुत्ते	खेत	खेत
पहिया	पहिये	पहाड़	पहाड़
अंगोछा	अंगोछे	गरीब	गरीब
कुआं	कुएँ	शहर	शहर
सेवक	सेवक	चोर	चोर
दीपक	दीपक	मोती	मोती
विद्वान	विद्वान	नाई	नाई
बैल	बैल	गाँव	गाँव

घोबी	घोबी	नहर	नहरें
मोची	मोची	लहर	लहरें
पशु	पशु	माला	मालायें
तरु	तरु	शिला	शिलायें
बुद्धू	बुद्धू	आशा	आशाएँ
भालू	भालू	अभिलाषा	अभिलाषायें
डाकू	डाकू	थाली	थालियाँ
झाड़ू	झाड़ू	मुर्गी	मुर्गियाँ
आलू	आलू	लड़ाई	लड़ाइयाँ
दुबे	दुबे	मिठाई	मिठाइयां
औरत (F)	औरतें	पूड़ी	पूड़ियां
चीज़	चीजें		

विशेष : आकारान्त पुल्लिग शब्दों में एक विशेष परिवर्तन नोट कर लीजिए।

एक.	एक +प्रत्यय	बहु	बहु + प्रत्यय
लड़का	लड़के का	लड़के	लड़कों का
कमरा	कमरे में	कमरे	कमरों में
कुआं	कुएँ में	कुएँ	कुओं में
मेला	मेले से	मेले	मेलों से

उल्टे अर्थवाले शब्द लिखिए :

(Give the opposite forms of)

अच्छा	X	बुरा	कठिन	X	सरल
सस्ता		महँगा	मूर्ख		बुद्धिमान
मोटा		पतला	कई		कुछ
गरम		ठंडा	बहुत		थोड़ा
लंबा		चौडा	साफ		गंदा
(long)	X	(broad)	अमीर	X	गरीब
लंबा		नाटा	मजबूत		कमज़ोर
(High)		(Short)	दोस्त		दुश्मन
पुराना		नया	मित्र		शत्रु
काला		गोरा	ईमानदार		बेईमान
बड़ा		छोटा	मेहनती		आलसी
ऊँचा		नाटा	इज्जत		बेईज्जती
मीठा		कड़ुआ	प्रशंसा		निन्दा
तेज		धीमे	रात		दिन
जल्दी -जल्दी		धीरे-धीरे	अंधेरा		उजाला
अक्सर		कभी-कभी	ताजा		बासी
मुश्किल		आसान	सुख		दुःख
भलाई		बुराई	सत्य		असत्य
अच्छाई		बुराई	सच		झूठ
भला		बुरा	सच्चा		झूठा

फ़ायदा	नुकसान	सुस्त	चुस्त
भारी	हल्का	सुस्ती	चुस्ती
प्राचीन	नवीन	सर्दी	गर्मी
पाप	पुण्य	वीर	भीरु
अकलमंद	बेवकूफ	निडर	डरपोक
सवाल	जवाब	ज़्यादा	कम
अन्दर	बाहर	चढ़ना	उतरना
ऊपर	नीचे	खरीदना	बेचना
आगे	पीछे	हँसना	रोना
पास	दूर	सोना	जागना
सामने	पीछे	उठना	बैठना
पहले	बाद को	मारना	जिलाना
बनना	बिगाड़ना	शुरू होना	खतम होना
खोलना	बन्द करना	जोड़ना	तोड़ना
खोना	पाना	पवित्र	मलिन

शुद्ध कीजिए

1. मेरा बहन ने आज स्कूल नहीं गया ।
   मेरी बहन आज स्कूल नहीं गयी ।
2. मैं तुमको एक बात बोलना चाहता हूँ।
   मैं तुमसे एक बात बोलना चाहता हूँ ।
3. वह आते ही मैं जायगा ।
   उसके आते ही में जाऊँगा।

4. मैं यहाँ आकर चार दिन हुआ ।

मुझे यहाँ आकर चार दिन हुए।

5. वह मुझसे बिना कहकर चला गया ।

वह मुझसे बिना कहे चला गया ।

6. लड़की ने कौन किताब लायी ।

लड़की कौन-सी किताब लायी ।

7. वह काम करके थक हो गया ।

वह काम करके थक गया ।

8. मैं मेरी कहानी सुनाऊँगा ।

मैं अपनी कहानी सुनाऊँगा।

9. उसकी स्त्री बीमार थी; इसलिए वह घबड़ा हो गया ।

उसकी स्त्री बीमारी थी; इसलिए वह घबड़ा गया ।

10. राम की भाई का नाम लक्ष्मण है ।

राम के भाई का नाम लक्ष्मण है।

11. वह रोटी खाया ।

उसने रोटी खायी।

12. आप कौन गाँव से आते हो ?

आप किस गाँव से आते हैं?

13. हम हमारा देश को प्यार करना चाहिए ।

हमें अपने देश को प्यार करना चाहिए ।

14. वह लड़का मार खाया ।

उस लड़के ने मार खायी ।

15. सब हिन्दी सीखना चाहिए ।

सबको हिन्दी सीखनी चाहिए ।

16. तुलसीदास हिन्दी में रामायण लिखा है।

तुलसीदास ने हिन्दी में रामायण लिखी है ।

17. राम का बहन का नाम सुलोचना है ।

राम की बहन का नाम सुलोचना है ।

18. मैंने झूठ नहीं बोला ।

मैं झूठ नहीं बोला ।

19. आप आने पर बच्चे खाने खाये ?

आपके आने पर बच्चों ने खाना खाया ?

20. शारदा पाठ कब सीखी ?

शारदा ने पाठ कब सीखा ?

21. मेरा घोड़ा का दाम सौ रुपया है ।

मेरे घोड़े का दाम सौ रुपये हैं ।

22. सीता ने माँ से एक साड़ी पूछी ।

सीता ने माँ से एक साड़ी माँगी ।

23. उन लोग कब पूना जाता है ।

वे लोग कब पूना जाते हैं ?

24. सिंह को देखकर वह डर हो गया ।

सिंह को देखकर वह डर गया ।

25. वह मुझको विश्वास नहीं करता ।

वह मुझ पर विश्वास नहीं करता ।

26. हम स्कूल में आकर दो घण्टा हुआ।

हमको स्कूल में आकर दो घण्टे हुए ।

27. मैंने पिताजी से एक रुपया खरीदा ।
मैंने पिताजी से एक रुपया लिया ।

28. तुम यह किताब नहीं पढ़ना चाहिए ।
तुमको यह किताब नहीं पढ़नी चाहिए ।

29. मुझके लिए बाप ने किताब लायी ।
मेरे लिए बाप किताब लाये।

30. मुझे एक भाई है ।
मेरे एक भाई है ।

31. गेंद मिलकर लड़का बहुत खुशी हुआ।
गेंद पाकर लड़का बहुत खुश हुआ ।

32. मैंने कल पंडितजी को मिला ।
मैं कल पंडितजी से मिला ।

33. तुम तुम्हारा नाम कागज पर लिखो ।
तुम अपना नाम कागज़ पर लिखो ।

34. मेरा भाई का बेटी को नाम लीला है।
मेरे भाई की बेटी का नाम लीला है ।

SOME EXAMPLES FROM QUESTION PAPERS

35. हवे में घूल उड़ रहा है ।
हवा में घूल उड़ रही है ।

36. हम हिंदी सीखना चाहिए ।
हमें हिन्दी सीखनी चाहिए ।

37. डाकवाला ने चिट्ठी लाया ।
डाकवाला चिट्ठी लाया ।

38. मुझको आज गाना नहीं सकता है ।
मैं आज नहीं गा सकता ।

39. मेरा विद्यालय में एक बाग हूँ ।
मेरे विद्यालय में एक बाग है।

40. दशरथ को चार लडके थे ।
दशरथ के चार लड़के थे।

41. केशव मुझे दो आम दिया ।
केशव ने मुझे दो आम दिये ।

42. उसने मुझको एक किताब पूछा ।
उसने मुझसे एक किताब माँगी ।

43. कोई ने यह बात नहीं कहा ।
किसी ने यह बात नहीं कही ।

44. मैंने रोटी नहीं खाता ।
मैं रोटी नहीं खाता ।

45. तुम तुम्हारा पाठ पढना चाहिए ।
तुमको अपना पाठ पढ़ना चाहिए।

46. कब मैं वहाँ गया, तब उस समाचार मिला ।
जब मैं वहाँ गया, तब वह समाचार मिला ।

47. उसका बहन मेरे साथ आया था ।
उसकी बहन मेरे साथ आयी थी ।

48. उसको कितने भाई है ?
उसके कितने भाई हैं ?

49. क़ल छुट्टी है कि अध्यापक बोला ।
अध्यापक बोले कि कल छुट्टी है ।

50. कौन बड़ा काम करता है, वह बड़ा है ।
जो बड़ा काम करता है , वह बड़ा है।

51. उन्होंने बाजार से कई चीजों लाये ।
वे बाज़ार से कई चीजें लाये ।

52. हाथी को लंबे कान होते है ।
हाथी के लंबे कान होते हैं ।

53. तुम यह काम ज़रूरी करना चाहिए ।
तुमको यह काम ज़रूर करना चाहिए ।

54. मैंने मेरे दोस्त से कहा कि तुम कल मत जाइये ।
मैंने अपने दोस्त से कहा कि तुम कल मत जाओ ।

55. राम का बहन की नाम राधा है ।
राम की बहन का नाम राधा है ।

56. मैं परीक्षा केलिए खूब पढ़ा हूँ, पर उत्तीर्ण नहीं मिला ।
मैंने परीक्षा केलिए खूब पढ़ा पर उत्तीर्ण नहीं हुआ ।

57. आज विद्यार्थी ने किताब लाने केलिए भूला ।
आज विद्यार्थी किताब लाना भूल गया।

58. सड़क की दोनों तरफ़ देखनेवालों का भीड़ है ।
सड़क के दोनों तरफ दर्शकों की भीड़ है ।

59. इस रामायण तुलसीदास से लिखा गया है ।
यह रामायण तुलसीदास से लिखी गयी है।

60. हमारे को आज़ादी मिल कर चौदह वर्ष हुए ।
हमको आज़ादी पाकर चौदह वर्ष हुए।

वाच्य बदलिए (Voice Changing)

I कर्तृवाच्य से कर्मवाच्य

(Active voice to Passive voice)

1. पुलिस ने चोर को पकडा ।

   पुलिस से चोर पकडा गया ।

2. उन्होंने दो कहानियाँ पढ़ी ।

   उनसे दो कहानियाँ पढी गयीं ।

3. मेरे पिताजी कलकत्ता से साड़ी लाये ।

   मेरे पिताजी से कलकत्ते से साड़ी लायी गयी ।

4. राजाराम मोहनराय ने संस्कृत, फारसी, अंग्रेज़ी आदि भाषायें सीखीं ।

   राजाराम मोहन राय से संस्कृत, फारसी, अंग्रेज़ी, आदि भाषायें सीखी गयीं ।

5. तुलसीदास ने रामचरितमानस की रचना की ।

   तुलसीदास से रामचरितमानस की रचना की गयी ।

6. मैं ने कल सिनेमा देखा ।

   मुझसे कल सिनेमा देखा गया ।

7. लड़कियाँ फूल तोडती हैं ।

   लड़कियों से फूल तोडे जाते हैं ।

8. माँ बच्चे को फल देती है ।

   माँ से बच्चे को फल दिया जाता है ।

9. हम कल नयी घंटी खरीदेंगे ।

   हम से कल नयी घंटी खरीदी जाएगी ।

10. येशुदास कल रेडियो में गाएंगे ।

येशुदास से रेडियो में गाया जाएगा ।

II कर्मवाच्य से कर्तृवाच्य :

(Passive voice to Active voice)

11. केरल के स्कूलों में हिन्दी अनिवार्य रूप से पढायी जाती है।

केरल के स्कूलों में हिन्दी अनिवार्य रूप से पढाते हैं ।

12. उत्तर भारत में रोटी बहुत खायी जाती है ।

उत्तर भारत में (लोग) रोटी बहुत खाते हैं ।

13. ड्राइवर से गाड़ी चलायी गयी ।

ड्राइवर ने गाड़ी चलायी ।

14. पुरोहित से पूजा की जाएगी ।

पुरोहित पूजा करेंगे ।

15. मुझ से उपन्यास लिखा गया ।

मैंने उपन्यास लिखा ।

III. कर्तृवाच्य से भाववाच्य :

(Active voice to Impersonal voice)

16. यह लड़का पेड़ पर चढ़ नहीं सकता है ।

इस लडके से पेड़ पर चढ़ा नहीं जाता है ।

17. लडकों के हॉस्टल में मच्छर के कारण सो नहीं पाते हैं ।

लडकों के हॉस्टल में मच्छर के कारण सोया जाता ।

18. हम सर्दी में बड़े तड़के उठ नहीं सकते।

हम से सर्दी में बड़े तड़के उठा नहीं जाता ।

19. आज गर्मी बहुत ज्यादा है, इसलिए करमे में बैठ नहीं सकेंगे ।

आज गर्मी बहुत ज़्यादा है, इसलिए कमरे में बैठा नहीं जाएगा ।

20. मेरे घर पर अतिथि है, इसलिए यहाँ और अधिक बैठ नहीं सकता ।

मेरे घर पर अतिथि है इसलिए और अधिक बैठा नहीं जाता ।

IV भाववाच्य से कर्तृवाच्य

(Impersonal voice to Active voice)

21. कडी सर्दी में रज़ाई के बिना सोया नहीं जाता ।

कडी सर्दी में रज़ाई के बिना सो नहीं सकते ।

22. वर्षा के कारण मैदान में दौडा नहीं गया ।

वर्षा के कारण मैदान में दौड नहीं सके ।

23. बच्ची इतनी बीमार थी कि उससे सोया भी नहीं गया ।

बच्ची इतनी बीमार थी कि वह सो भी नहीं सकी ।

24. छुट्टी के दिन सबेरे सात बजे से पूर्व मुझसे नहीं उठा जाएगा ।

छुट्टी के दिन सबेरे सात बजे से पूर्व मैं नहीं उठूँगा।

25. आदमी के पंख नहीं है, उससे उडा नहीं जाएगा ।

आदमी के पंख नहीं हैं, वह उड नहीं सकेगा

वाक्य संयोजन (Combining Sentences)

कर /के

1. गोपाल पाँच बजे घर जाता है। फिर वह अपना पाठ पढता
   गोपाल पाँच बजे घर जाकर अपना पाठ पढ़ता है ।
2. बच्चा इतनी देर तक रो रहा था,/ अभी सोया है ।
   बच्चा इतनी देर तक रोकर अभी सोया है ।
3. उसने इतनी देर तक काम किया। वह थक गया है
   इतनी देर तक काम करके वह थक गया है ।

और

4. लडका स्कूल जाता है । वह वहाँ पढता है ।
   लडका स्कूल जाता है और वहाँ पढता है ।
5. हम चावल खायेंगे । हम गेहूँ भी खायेंगे ।
   हम चावल और गेहूँ खायेंगे।
6. गोपाल हिन्दी पढ़ता है। गोविन्द भी हिन्दी पढ़ता हैं ।
   गोपाल और गोविन्द हिन्दी पढ़ते हैं।

कि

7. कल छुट्टी है । अध्यापक ने कहा ।
   अध्यापक ने कहा कि कल छुट्टी है ।
8. गोपाल मुझे पैसा देगा । ऐसा मैं सोचता था ।
   मैं सोचता था कि गोपाल मुझे पैसा देगा ।
9. डाक्टर आयें हैं या नहीं ? यह कौन जानता है ?
   यह कौन जानता है कि डाक्टर आयेंगे या नहीं ?
   (कौन जाने डाक्टर आएंगे या नहीं ?)

जो

10. मैं ने कल सिनेमा देखा, वह बहुत अच्छा था ।
    मैं ने कल सिनेमा देखा, जो बहुत अच्छा था ।
    मैं ने कल जो सिनेमा देखा, वह बहुत अच्छा था ।
11. मेरा मित्र कल अमेरिका से आ रहा है । वह पाँच वर्ष पहले यहाँ से गया था ।
    मेरा मित्र कल अमेरिका से आ रहा है जो पाँच वर्ष पहले यहाँ से गया था ।
12. आज सबेरे मैं लडकी देखने गया । वह एकदम कुरूप है ।
    आज सबेरे मैं जिस लडकी को देखने गया वह एकदम कुरूप है ।

न.....न

13. उसने पैसा नहीं दिया। मैं ने किताब नहीं दी ।
    न उसने पैसा दिया, न मैं ने किताब दी ।
14. वह ठीक पढता नहीं है। वह नौकरी पर भी नहीं जाता ।
    न वह ठीक पढ़ता है , न नौकरी पर जाता है ।

जब..जब

15. मैं गोपाल के घर गया । तब वह सो रहा था ।
    जब मैं गोपाल के घर गया तब वह सो रहा था ।
16. आज सबेरे पानी बरसा । तब मेरा आंगन भर गया।
    आज सबेरे जब पानी बरसा,तब मेरा आँगन भर गया।

जहाँ ...वहाँ

17. मामाजी अनेक स्थानों में जाते हैं । उन सब स्थानों में तुम भी क्यों जाते हो ?

    जहाँ जहां मामाजी जाते हैं वहाँ वहाँ तुम भी क्यों जाते हो ?

यदि/अगर

18. तुम अच्छी तरह पढोगे । तब तुम परीक्षा में पहली श्रेणी में आओगे ।

    यदि तुम अच्छी तरह पढोगे तो परीक्षा में पहली श्रेणी में आओगे ।

19. कल वह मेरे घर आएगा । तो मैं अपनी किताबें उसे दूँगा ।

    यदि / अगर कल वह मेरे घर आएगा, तो मैं अपनी किताबें उसे दूँगा ।

हेतुहेतुमदभूत

20. उसने व्यायाम नहीं किया । उसका शरीर मज़बूत नहीं हुआ।

    यदि वह व्यायाम करता तो उसका शरीर मज़बूत होता ।

21. मोहन ने मुझे नहीं बुलाया । मैं उसके घर नहीं गया ।

    मोहन मुझे बुलाता तो मैं उसके घर जाता ।

22. रास्ते में बस बिगड़ गयी। नहीं तो मैं समय पर आता।

    रास्ते में बस न बिगडती तो मैं समय पर आता ।

इसलिए

23. राकेश बीमार था । वह स्कूल न जा सका ।

    राकेश बीमार था, इसलिए वह स्कूल न जा सका ।

24. राधा पहली श्रेणी में पास हुई, वह बहुत प्रसन्न है ।

    राधा पहली श्रेणी में पास हुई, इसलिए वह बहुत प्रसन्न है ।

25. रात में मच्छरों का उपद्रव था, हम सो न सके ।

रात में मच्छरों का उपद्रव था,इसलिए हम सो न सके ।

ताकि

26. तुम जल्दी बस स्टेशन जाओ । तुम को10-30 को गाड़ी मिलती है ।

तुम जल्दी बस स्टेशन जाओ ताकि तुम्हें 10-30 की गाड़ी मिले ।

27. तुम आज ही आवेदन-पत्र भेज दो । 5 तारीख तक उसे दिल्ली बहुँचना है ।

तुम आज ही आवेदन-पत्र भेज दो ताकि 5 तारीख तक वह दिल्ली बहुँच जाए ।

...ते ही

28. अध्यापक वर्ग में पहुँचे। तुरन्त सब लड़के चुप हो गये।

अध्यापक के वर्ग में पहुँचते ही सब लडके चुप हो गये।

29. मैं स्टेशन पहुँचा। तुरन्त गाड़ी निकल गयी।

मेरे स्टेशन पहुँचते ही गाड़ी निकल गयी ।

30. जानकी ने नल खोला । तुरन्त पानी बन्द हो गया।

जानकी के नल खोलते ही पानी बन्द हो गया ।

सूचना के अनुसार बदलकर लिखिए

(Rewrite as directed)

1. इस घर में एक आदमी रहता है । उसका नाम क्या है ? (दोनों को एक वाक्य बनाइए)

इस घर में जो आदमी रहता है उसका नाम क्या है ?

2. आज हम एक कहानी लिखेंगे ।(वाच्य बदलिए)
आज हम से एक कहानी लिखी जाएगी

3. मैं घर से निकला । तब पानी जोर से बरसने लगा ।
(ज्योही त्योंही को प्रयोग कीजिए।)
ज्यों ही में घर से निकला त्योंही पानी ज़ोर से बरसने लगा ।

4. गोपाल को मैंने रोते हुए देखा ।
('कि' का प्रयोग करके वाक्य का रूप बदलिए।
मैं ने देखा कि गोपाल रो रहा है ।

5. बंगाल की हालत देखकर हमको बहुत दुख हुआ ।
(दुखी का प्रयोग कीजिए ।)
बंगाल की हालत देखकर हम बहुत दुखी हुए ।

6. अध्यापक के आते ही विद्यार्थी खड़े हुए ।
(जब.....तब का प्रयोग कीजिए।)
जब अध्यापक आये तब विद्यार्थी खड़े हुए ।

7. आप एक कलम से लिखे रहे हैं। वह कलम मेरी है ।
(जोडकर एक वाक्य बनाइए)
आप जिस कलम से लिख रहे हैं वह मेरी है ।

8. मुझे भूख और प्यास लगी है ।
('भूखा' और 'प्यासा' का प्रयोग कीजिए।)
मैं भूखा और प्यासा हूँ ।

9. शराब तन्दुरुस्ती केलिए हानिकारक है। हज़ारों लोग उसे पीते थे
(यद्यपि....तो भी का प्रयोग कीजिए ।)
यद्यपि शराब तन्दुरुस्ती के लिए हानिकारक है तो भी हजारों लोग उसे पीते थे ।

10. जब अकबर तेरह वर्ष का था तब सिंहासन पर बैठा ।

(वर्ष के बदले उम्र का प्रयोग कीजिए ।)

जब अकबर की उम्र तेरह वर्ष की थी तब वह सिंहासन पर बैठा ।

11. लड़का सुन्दर है । वह मज़बूत भी है ।

(ही नहीं ...बल्कि का प्रयोग कीजिए ।)

लड़का सुन्दर ही नहीं, बल्कि मज़बूत भी है ।

12. हम सबको हिन्दी सीखना जरूरी है ।

(जरूरत का प्रयोग कीजीए।)

हम सब को हिन्दी सीखने की ज़रूरत है ।

13. जुलाई की गरमी से बहुत लोग बीमार हो गये ।

(बीमारी का प्रयोग कीजिए।)

जुलाई की गरमी से बहुत लोगों को बीमारी हो गयी ।

14. मैं ने प्रयत्न नहीं किया । मुझे सफलता न मिली ।

('नहीं' को हटाकर अर्थ बदले बिना एक वाक्य बनाइए)

मैं प्रयत्न करता तो मुझे सफलता मिलती ।

15. राकेश बहुत मोटा हो गया है ।वह चल भी नहीं सकता।

(इतना का प्रयोग करके एक वाक्य बनाइए।)

राकेश इतना मोटा हो गया है कि वह चल भी नहीं सकता ।

16. बच्चों को सुखी देखकर माँ -बाप को सुख होता है ।
('सुखी' के स्थान पर 'सुख' और 'सुख' के स्थान पर 'सुखी' का प्रयोग कीजिए ।)
बच्चों का सुख देख देखकर माँ-बाप सुखी होते है ।

17. ज्योंही में बाहर निकली त्योंही पानी बरसने लगा ।
('ज्योंही....त्योंही' को निकालकर लिखिए ।)
मेरे बाहर निकलते ही पानी बरसने लगा ।

18. टमाटर का दाम बहुत ज़्यादा है और में वह नहीं खरीदता ।
(इसलिए....कि का प्रयोग कीजिए ।)
मैं टमाटर इसलिए नहीं खरीदता कि उसका दाम बहुत ज़्यादा है ।

19. हम हिमालय के पास जाते रहे । सर्दी बढती गयी ।
(ज्यों ज्यों ..त्यों त्यों का प्रयोग कीजिए।)
ज्यों ज्यों हम हिमालय के पास जाते रहे त्यों त्यों सर्दी बढती गयी ।

20. बहुत सिर दर्द होने पर भी गोपाल रात के बारह बजे तक पढता है ताकि पहली श्रेणी में पास हो जाय।
(छोटे छोटे वाक्य बनाएँ ।)
गोपाल को बहुत सिर-दर्द है । फिर भी वह रात के बारह बजे तक पढता है । तभी वह पहली श्रेणी में पास हो सकता है ।

भिन्न अर्थों में प्रयोग कीजिए
(Using words in differnt meanings)

सोना

आजकल सोना बहुत महँगा हो गया है ।

आदमी को रोज़ छः घंटे सोना चाहिए ।

कर

जो काम करता है, उसे पैसा मिलता है।

भरपेट खाकर शक्ति भर काम करो ।

सरकार को कर देना हर नागरिक का कर्तव्य है (tax)

भगवान विष्णु के चार कर होंते है । (हाथ)

चन्द्र के कर बडे शीतल होते है । (किरण)

डाल

बच्चा हर चीज को पानी में डाल देता है ।

पेड की ऊँची डाल पर कोयल बैठी है ।

सन्ध्या होने से पहले इतना कर डालो ।

पर

राजा के सिर पर मुकुट शोभित है ।

मैं तो जल्दी पहुँचा, पर गाडी निकल गयी ।

आदमी के पर नहीं होते । (पंख)

सज्जन लोग स्व और पर की चिन्ता नहीं करते (अन्य)

जल

बिजली गिरी और चार पेड जल गये ।

कुएँ का जल ठंडा होता है ।

जलना

रेल से जाते हुए दूर पर जंगलों का जलना देखा ।

दूसरों की उन्नति पर जलना बुरी आदत है ।

भाग

पुलिस को देखकर चोर भाग गया ।

संपत्ति का बाँटवारा हुआ और यह घर बडे भाई के भाग में आया ।

क्या करें, उसके भाग ही खोटे हैं । (भाग्य)

मान

देश का मान रखना राजपूतों ने अपना व्रत समझा था ।

बडों का कहना मान, तेरा भला होगा ।

राधा मान कर बैठी और कृष्ण उसे मनाने लगे ।

जान

जान लो, यही कुछ करने का समय है ।

शेर नाराज हो गया तो रिंग मास्टर की जान पर आफ़त पड गयी ।

कल

पिताजी कल दिल्ली से आये । (पिछला दिन)

वे कल यहाँ न आयेंगे । (अगला दिन)

कल के पूर्जों को जोडते हुए उनकी उंगली कट गयी । (मशीन)

प्रियतम विदेश गया तो प्रियतमा को कल नहीं पडता था । (चैन)

तीर

नदी के तीर पर नारियल के पेड़ है ।

राम के तीर से रावण के सिर कट गये ।

बंदर

बंदर पेड पर बैठे है ।

कलकत्ता का बंदर बहुत बडा है । (Port)

काम

आज इतना काम रहा कि दम भरने की फुरसत नहीं मिली ।

काम, क्रोध, लोभ, आदि से बचना बहुत मुश्किल है ।

मन्मथ को काम भी कहते है ।

मगर

सागर के जल में बडे बडे मगर होते है ।

मैं गोपाल से मिलने उसके घर गया, मगर वह घर पर नहीं मिला ।

भूल

मैं ने गुस्से में आकर कुछ कह दिया था, बुरा न मानो, उसे भूल जाओ । (forget)

लोग ऐसी भूल कभी नहीं होगी । (गलती)

मत

दूसरों को कभी मत सताओ ।

गुरुजी का मत है, हम सब एक रहें । (राय)

जो सब से ज़्यादा मत पाता है, वहीं विजयी घोषित होता है । (वोट)

यहाँ

आप यहाँ बैठिएगा ।

मैं कल आपके यहाँ जाऊँगा ।

और

लडके और लडकियाँ एक साथ पढ़ें ।

मुझे यह किताब नहीं चाहिए, और दे । (other)

उसको चावल और दो। (more)

जो

जो सोवत है, सो खोवत है ।

जो जागत है, सो पावत है । (who)

जो तुम छोडो पिया, मैं नाहिं छोडूँगी । (if)

जो तुम जीतना चाहो, तो कोशिश करो ।

आप

आप कब बम्बई जा रहे हैं। (II p)

आप हिन्दी के सफल कवि है । (III p)

अपना काम आप करना हमेशा अच्छा । (स्वयं)

दो

पंडितजी ने आज दो कवितायें सिखायीं ।

राम को दो रुपए दो ।

रोनेवाले बच्चे को रोने दो ।

कि

उन्होंने कहा कि कल छुट्टी नहीं होगी ।

हम स्टेशन पहुँचे ही थे कि गाडी आ गयी ।

तुम मेरी बात मानोंगे कि नहीं ? (or)

की

गोपाल की बहिन अच्छा गाती है ।

सेठजी ने पैसे देकर हमारी बडी मदद की ।

गाँधीजी देश की सेवा की ।